つらい介護に、さようなら

メンタルトレーニングで心ラクラク

山王病院脳神経外科医
高橋浩一

出版文化社

はじめに

父が認知症になった……

母が脳梗塞《のうこうそく》で、寝たきりに……

家族の介護は、誰にでも訪れます。

近年、介護に悩む方が増えており、介護疲れのみならず、介護離職、さらには虐待、心中といった悲劇に発展することもあり、大きな社会問題となっています。現実に介護は決して簡単なものではありません。介護に伴う悲劇の多くは、精神的に余裕がなく、過大なストレスがのしかかった状態が持続している状況でおきています。そんなつらい、逃げ出したい、怒りと悲しみが尽きないというような窮地《きゅうち》を脱し、自分の気持ちをコントロールすることで、心に余裕が持てたら、介護の仕方も変わってくると思いませんか？


私は、脳神経外科医師として多くの患者さんと接してきました。診療に際し、治療や検査、説明など、医師としてできることには限界があり、診療以外の時間を、患者さん達に有効に使ってもらう手段はないものかと思いをめぐらせていました。

そんなある日のこと、以前から懇意にしている元日本ハムファイターズ投手の今関勝さんから「自分が一〇年早く、メンタルトレーニングに出会っていれば、もっと、日本ハムファイターズで活躍できていたし、四〇歳まで現役選手を続けられたと思う」と、スポーツの世界で用いられているメンタルトレーニングをすすめられました。当初、私は、「メンタルを鍛えて、何になるのか」と、効果に対して懐疑的でした。しかし、一度メンタルトレーニングのレクチャーを受講してみると、自分に対して、診療に対して、社会生活に対して応用がきくはずだと、目からうろこが落ちたのです。スポーツ選手がメンタルトレーニングでメンタルが強くなるのであれば、病気やケガに悩んでいて、気持ちが折れそうな患者さん達にも役立つはずだと考えました。そして実際に診療にメンタルトレーニングを取り入れ、効果を実感しています。

むち打ちの後遺症に悩む四〇代の女性がいました。彼女は治療により、頭痛などの症状は軽減したものの不安が強いため復職できずに悩んでいました。そこで本書でも紹介する「プラス思考を育むトレーニング」「イメージトレーニング」といったメンタルトレーニングを指導すると、状態は徐々に改善していきました。そしてなんと、八年ぶりの復職を果たして、四苦八苦しながらも仕事に奮闘して数年が経過しています。他にもメンタルトレーニングによって、病気やケガをチャンスに変えていった患者さんは少なくありません。

このメンタルトレーニングは、呼吸や姿勢、生活習慣にちょっとした変化を加えるだけで、自分の気持ちをコントロールし、いかなる逆境でも、ベストパフォーマンスでのぞむことを目的としています。たとえば、

毎日、「今日も元気だ」と、ひとり言を言う
上向き姿勢や、笑顔を心掛ける
胸キュンする絵や写真を、目に入る所に飾る

といった単純なことが効果を発揮します。

こうした、ちょっとしたことを毎日繰り返し、習慣化することでセロトニンを中心とした脳内物質のバランスが良くなることが、神経科学的に証明されています。セロトニンの分泌が増えれば、気分の落ち込みや不眠、イライラ状態から抜け出せます。

実際に、私も介護すべき家族を抱えており、メンタルトレーニングの恩恵を受けています。そのため本書では、メンタルトレーニングの介護への応用を考えてみました。

メンタルトレーニングには、「選手用」と「指導者用」のプログラムがあります。「選手用」は文字通り、スポーツ選手自身がメンタルを強くしていくためのトレーニング法です。

また「指導者用」は、指導者として選手のメンタル面を考慮しながら、サポートし、選手を強くしていくための方法がプログラミングされています。

本書は2部構成になっていて、まず第1部で「自分のコンディションを整える」として選手用プログラムを用いて、いかに介護する自分が、介護を前向きに快適に行っていくかについて述べます。第2部では「介護を受ける家族と良い関係を築く」として、指導者用プログラムを基本に、介護する自分と介護を受ける家族との関係を良好にするとともに、介護を受ける人に、いかに心地良く介護を受けてもらえるかを考えていきます。「指導者＝介護する自分」「選手＝介護を受ける家族」と置き換えて考えると、たくさんの有用なヒントが得られます。

突然訪れた高齢の親の介護——以前のような毅然《きぜん》とした姿勢がなくなって、弱々しく見えて心が折れそう——といった状況でも、自分自身のメンタルをコントロールできるようにして介護にのぞむと、

イライラしながら入浴介助していたのが、冗談交じりで笑いながら身体を洗ってあげら

れるようになった

繰り返し同じことを聞かれて疲れ果てていたのに、紅茶片手に昔話ができるようになった

など、明るい気持ちで、余裕を持って介護ができるようになります。

また介護を受ける家族にも色々な感情が渦巻いています。

思うように動けなくなり、申し訳ないと気を遣《つか》う……

認知症状で、つじつまの合わないことを言う、妄想を言う……

おしっこを漏らして、あたりを不潔にしてしまう……

そのような家族にも心地良く介護を受けてもらうためには、介護する自分達の姿勢や考え方も重要です。

その時の心構えとしても、このメンタルトレーニングを役立てていただけることと思います。介護する人間にメンタルトレーニングをする余裕などない、指導者と選手の関係なんて介護の実態がわかっていないという方もいるかと思います。確かにそうかもしれませ

んが、もし、今の介護を変えたいという思いがあるのなら、是非、取り入れてみてください。このトレーニングの良いところは、いつでも、どこでも、お金をかけずに、誰にでも実践できることです。リラックスして本書を読んでいただけたら幸いです。そして、本書を糸口として介護する側、される側が、お互いに気持ち良く、充実した生活を送られることを願ってやみません。

目次

5 余裕が持てる自分達の介護――やる気を高めるトレーニング 87

⑥ 技術を高め、不測の事態に備える——イメージトレーニング 119

第2部　介護を受ける家族と良い関係を築く　139

第1部

自分のコンディションを整える

1 メンタルトレーニングとは

メンタルトレーニングは一九五〇年代初めに、ソビエト連邦において宇宙計画の一つとして始まりました。宇宙空間では、もしかしたら未知なるバクテリアに襲われるかもしれない、ロケットに不具合が生じて落下するかもしれないなど死と直面するような恐怖や不安で、想像を絶するストレスがかかります。そのような状況下でも、宇宙飛行士が自らの心理面を意識的にコントロールできるようにするための研究が進められて、プログラムが開発されました。これがメンタルトレーニングの初めと言われています。

さらにスポーツの世界で応用され、この効果が顕著に表れたのは、一九七〇年代の共産圏におけるスポーツ分野の驚異的な躍進です。一九七二年開催のミュンヘン・オリンピックで、ソビエト連邦がアメリカの三三個を大きく上回る五〇個もの金メダルを獲得したのをはじめ、共産圏諸国がドーピングを噂されるほどの大活躍をしました。この躍進によって、メンタルトレーニングが非常に有効であることがわかり、一九七六年のモントリオール・オリンピック以降に、アメリカや西ヨーロッパ諸国に広まりました。それから遅れること一九八五年に、ようやく日本にメンタルトレーニングが導入されましたが、残念ながらいまだ欧米諸国程には普及していません。

スポーツにおいて、大切な試合になればなるほど、つらさやプレッシャーを感じやすくなります。そのため、試合で実力を発揮できない、本番に弱いといった現象が生じます。なぜ、このようなことが起きるのでしょうか？　プレッシャーで眠れない、あがる、緊張してしまうといったことがあると、筋肉に余計な力が入り、手足がしびれ、呼吸が乱れて、いつものパフォーマンスが出しにくくなるのです。

しかし、普段からメンタルトレーニングを取り入れることで、意識的に自分のメンタルをコントロールできるようになると、周囲から見ると、「つらい練習」と映るようなことでも、「楽しい練習」へと思考の転換が可能になります。そして、やる気や集中力が高まり、練習効率の向上につながります。結果、プレッシャーそのものを楽しめるようになるのです。さらに本番では、あがったり、緊張や興奮しすぎたりといった感情をコントロールして、理想的な心理状態（ゾーン）を作り出し、実力を発揮しやすくします。

介護においても同じです。おむつの介助をしていてひっかかれる、認知症で同じことを延々と話し続けられる、食事の介助でテーブルを散らかされるなど、つらいこと、苦しいことが押し寄せてきます。しかしいらだってばかりでは、自分のストレスが溜まり、介護の効率が落ちます。それが、さらなるストレスにつながります。

そこにスポーツ心理学のメンタルトレーニングを応用すると、自分のメンタルをコントロールしてストレスに対応できるようになります。また介護を受ける家族との関係を良好な方向にすすめ、より良い介護につなげていくことが可能になります。

介護の現場では、このメンタルトレーニングは普及していません。しかし、介護にメンタルトレーニングの考え方を応用して困難を乗り越えた方はいます。

三〇代の介護福祉士の女性のお話を紹介します。

ある日、母親が突然、脳梗塞《のうこうそく》で倒れました。沢山の病気の方を見てきたにもかかわらず、自分の親となると、受け入れることができず、彼女は病室で泣きじゃくることしかできませんでした。幸い、母親は回復し、以前のような平穏な生活を取り戻しました。

彼女はその後、メンタルトレーニングを学ぶ機会を得てメンタルを鍛え、自分の職業や子育てに応用させていました。

そして数年後、今度は父親が重病を患いました。医師から厳しい余命宣告を受け、気分が落ち込むことがあるものの、メンタルトレーニングをしっかり行うことで気持ちを切り替え、冷静に現実を受け止めることができました。またメンタルを鍛えてきたという自信により、何事をもプラスに変えるパワーが以前とは格段に違い、メンタルトレーニングの有用性を実感したそうです。

このメンタルトレーニングは、たとえ初めのうちは心が伴っていなくても、呼吸や姿勢、表情、言葉遣いなどを意識して、無理にでも前向き思考を習慣化することで、必要以上に落ち込まずに、ひいては介護を「つらく、苦しく」でなく「楽しく、気持ち良く」につなげていけます。

2 介護に向き合う心構え――プラス思考を育むトレーニング

① 介護生活で自分のためにできること

この一週間を振り返って、どんなことが思い浮かびましたか？

「母の調子が良かった。機嫌も良かったのでうれしい」

「介護用レンタルベッドが届いた。これで介護がラクになるかも」

などの喜びや期待でしょうか？　それとも、

「父の病気は治るだろうか」
「介護なんてやったことがないし、どうしていいかわからない」

などの不安や焦りでしょうか？

一般に、前者はプラス思考、後者はマイナス思考といわれます。家族に介護が必要になった場合、通常、気分は落ち込み、マイナス思考に陥ります。**しかし、介護に向き合うにあたって自分のためにできること、それはプラス思考でいることです。**

なぜプラス思考でいる方がいいのか。失敗した時のとらえ方を例に考えてみましょう。

失敗することは誰にでもあります。状況にもよりますが、決して悪いことでありません。むしろ、やることなすこと、すべて上手くいき、試験を受ければすべて合格、試合をすれば勝って当たり前、はじめての介護もプロ級の腕前だとしたら、どのようになるでしょう。行動はだんだん大胆になっていき、傲慢《ごうまん》になっていくでしょう。また失敗しないとわかっていれば努力をしなくなるのではないでしょうか。器用貧乏という言葉がありますが、そのような人がある分野で大成しないのは、何でも器用にこなしてしまうがゆえに生じるのではないかと思います。

スポーツの世界においても、一流選手は不器用でたくさんの失敗をしている人が多いようです。ただ、彼らは失敗を失敗で終わらせずに、成功へとつなげています。

失敗した時のマイナス思考の反応は、

「またミスしないだろうか」

「私の失敗で、みんなが怒っていないだろうか」


と、その失敗を引きずり、次から次へとネガティブな考えにとらわれてしまうので、パフォーマンスが低下していきます。特に、失敗自体にマイナスイメージが強い、失敗するイメージが先行する、過程を考えず結果にこだわる、やる気がないといった傾向は、次の行動を起こしにくくします。

一方、プラス思考の反応は、

「なぜ失敗したんだろう」

「失敗を繰り返さないようにするにはどうしたらよいだろうか」

と、失敗した原因を分析し、次にどう活かすかを考えます。「失敗しても平気、平気」と気にしないでいることとは違います。

アメリカの元プロバスケットボール選手マイケル・ジョーダンの、「失敗したからといって成功するとは限らない。しかし、成功した人は数え切れないほどの失敗をしている」という言葉のように、失敗するからこそ、いろいろ考える機会に遭遇して、成功につながるチャンスをもらえるのです。

介護にしても同じです。失敗して落ち込み、やる気をなくしては、何も変わりません。ミスや失敗をバネに、次への力をつけていくことで確実に未来は変わってきます。

このようにプラス思考は、精神面に良い影響を与えますが、それだけではありません。実際、意欲を起こしたり、幸福感が増したり、作業効率がアップするなどの利点があることがわかっています。

ここでは、マイナス思考やプラス思考に対する理解を深め、必要以上に落ち込まない考え方やマイナスの要因を断ち切り、プラスの要因に変えていく考え方を学びます。そしてプラス思考を意識し習慣づけることで、どんなに大変でつらい状況でも前向きでいられるメンタルの鍛え方をご紹介していきます。

② 人はマイナス思考の生きもの

マイナス思考よりもプラス思考がいいとわかっていても、考え方を切り替えるのは難しいことです。介護にはマイナスの要因がたくさんころがっているので、介護する側にとっては気持ちがネガティブになるのは人として当然です。

我々人間も含め生物にとって、好き・快いといった感情と、嫌い・不快といった感情、どちらが強く記憶に残ると思いますか？　正解は後者です。生命の進化において危機的状況やストレスに対応できた種が生き残り、対応できない種は淘汰されてきたからです。種が生き残るため、ネガティブな感情に俊敏に反応し、対応することが本能として備わっています。

大脳には、情動に関与する大脳辺縁系という部位があります。大脳辺縁系は、好きか嫌いかを過去の記憶から判断して、好きと判断した場合は意欲を起こし、嫌いと判断した場合はそれを避ける信号を発信します。大脳辺縁系が上手く機能すれば、気持ちが落ち着きます。

一方で、大脳辺縁系が上手く機能しないと、息苦しさや、動悸、めまいなどの症状が出たり、精神的に不安定になったりします。実際、嫌な感情は良い感情に対して六倍の強さを持つという報告もあるほど、ネガティブな感情の方が頭には残りやすいことが証明されています。

こうして積もり積もったネガティブな感情はマイナス思考の要因となります。たとえば、

将来の見通しがつかない

自分の大変さやつらさなど、周囲から理解されない

家族や会社に迷惑をかけるのではないか

プレッシャーやストレス、心配や迷い、被害者意識が強すぎることもマイナス思考の要因となります。

また、「お前が掃除をしないから、おじいちゃんがトイレで失敗してしまった」と、何でもかんでも他人のせいや物のせいにするのもマイナス思考です。

マイナス思考が強いと、次のような負のスパイラルが形成されます。

不安や焦りが強くなる⬇心配になる⬇悩む⬇呼吸が乱れる⬇集中力が低下する⬇体の動きがおかしくなる⬇ミスをする⬇気持ちがネガティブになる⬇最初に戻る

マイナス思考は、精神面に影響を与えるだけでなく、身体面にも影響を及ぼします。ひどい場合には、ストレスが過剰になって胃に穴が開くこともあります。さらに、マイナス思考は伝染するので、自分だけでなく、周囲の雰囲気も暗くなり、環境が悪化しやすいものです。介護のために人生が台無しになるようなマイナス思考は捨てて、物事をプラスに、ポジティブにとらえていく方法を考えていきましょう。

ここで、簡単にできるプラス思考を育むトレーニングを二つご紹介します。

●プラス思考ビーム

一つ目は、「プラス思考ビーム」です。プラス思考ビームは、つい自分がマイナス思考に陥った時に、それを他人に指摘されることで、マイナスからプラスに切り替えていくトレーニングです。一方で、マイナス思考の人を見かけたら、プラス思考ビームを浴びせ、プラス思考に転じさせるといったように、ビームを出したり、受けたりしていくと、お互いがプラス思考になり、介護の雰囲気が明るくなります。

介護の場、生活の場などで、マイナスの発言、マイナスな行動をしている人を見かけたら、

「ネガティブ発見。プラス思考ビーム」

と言って、ウルトラマンのスペシウム光線を発するように、両手を十字にして、プラス思考ビームを浴びせます。

プラス思考ビームを浴びた人は、「わーー」と言いながら、クルッと一回転した後に、「プラース」といって、体操の着地のように手を広げて自分の体でプラスの姿勢を作ります。

遊びの要素が強いので、ある程度、気心の知れた人同士で行ってみてください。

●小さな成功ピックアップトレーニング

もう一つは、「小さな成功ピックアップトレーニング」です。

質問 **「この一ヶ月間での、小さな成功をできるだけ挙げてください」**

五個以上書ければ、まずまずメンタルが強く、一〇個以上で素晴らしいメンタルの持ち主ということになります。

この質問は、今までの嫌なことではなく、上手くいったことを思い出してプラス思考を意識させます。小さな成功が一つでも挙げられれば、それに至る過程を考え、今後につなげていけると良いでしょう。介護をしている方は、喜びを見い出しにくいとは思いますが、こういう時こそ、良かった点に目を向けることが大切です。

最初は小さな成功すら挙げられない方もいますが安心してください。メンタルの強弱は生涯変わりにくいものではなく、メンタルトレーニングによって強化できます。日々の小さな成功を意識しながら生活することで、前向き思考が高まり徐々にメンタルが強くなって、より成功に目を向けられるようになるのです。

小さな成功	
1	
2	
3	
4	
5	
6	
7	
8	
9	
10	
11	
12	
13	
14	
15	

③ プラス思考は楽しむ心

上手くいかないことが続く場合、落ち込みますよね？　同時に、楽しむことに対して壁がありませんか？　あるとしたら、それはマイナス思考です。

プラス思考は、楽しむ心とも言い換えられます。

とはいえ、スポーツ心理学において「楽しむ」とは、レクリエーションを楽しむとか楽をすることではなく向上することです。この概念は幸福感にさえつながります。

スポーツ心理学では、どういった点を楽しむかによって、一流選手になるか三流選手になるかが、決まると言います。

一流選手は、明確な目標のためなら激しい練習も楽しくでき、その結果として成績が向上します。

二流選手は、結果に楽しみを見出します。勝てば調子に乗るが、負けると調子を落とします。このタイプの選手は、成績の波が激しい傾向にあります。

三流選手は、練習中に、監督、コーチの目を盗み、いかに練習の手を抜き、楽をするかに楽しみを見出します。

超一流選手は、傍から見れば、なんてきつい、苦しい練習をしているのだろうと映るような状況をも楽しんで行っています。

これらはスポーツ以外の分野にもある程度当てはまり、一般的にきついと思われるようなことを楽しんでできる人は、プラス思考が強く、その分野での一流になります。

介護の現場でも楽しみを見出すことが心の支えとなります。同じ介護をするのなら、嫌々やるのでなく、楽しくできるように思考を転じることを心掛けてみてください。何事もプラスに物事をとらえているうちに、楽しくなってくるものです。

仕事と介護の両立に対しても、「きつい……」ではなく、

「人間形成のチャンス。この介護が自分を強くしてくれる」
「介護の場で、できないことが、できるようになるなんてラッキー」

また、思うように介護が上手くいかない時でも、次のように楽しみの次元を変えてのぞむと良いでしょう。

「この状況の不安定感は逆転に次ぐ逆転、シーソーゲームのようだ。このプレッシャーが

たまらない」

といったような、プラス思考を伴った表現ができると楽しく頑張れます。

これはたんに心構えの問題だけではありません。医学的にも、楽しむことが多幸感につながり、さらにより良いパフォーマンス発揮ができるようになると言えます。

楽しいと感じている時、脳ではβ《ベータ》エンドルフィンが分泌され、多幸感をもたらします。楽しいと感じることでこの物質が分泌されて、楽しさが増していくという良い循環に入ることが可能になります。さらに、大脳辺縁系の記憶を司る部分が刺激され、記憶力がアップすると言われています。つまり、楽しむことで、思考状態の整理がつきやすくなり、行動の能率が上がります。

④ 究極のプラス思考とは

究極のプラス思考の方法は、自分がコントロールできないことは、考えるだけ無駄だと理解することです。

たとえば認知症になった場合、一部の治療可能なものを除き、劇的な回復は現代の医学ではほぼ不可能とされています。そのため、介護を通じて認知症を驚異的に回復させることは、通常「できないこと」です。この点を認識して、「おじいちゃんの認知症を何とか良くして、また一〇年前のようにバリバリと活動してもらおう」などとは考えないようにします。一方で、現在の認知状態を維持していく、さらには少しずつ改善させていくことは、可能な場合が少なくありません。なるべく現状を維持するにはどうしたら良いかなど、**自分が「できること」について考え、それに集中するようにすれば、不安、焦りなどを減らすことができます。**

それでも病状が進行したり、合併症を併発したりすることもあるでしょう。そのような場合も、自分のせいにし、罪悪感に陥る必要はありません。病気の進行は、自分ではコントロールできないことだからです。

また過去に起こったことのコントロールも不可能です。「あの時もう少し手伝ってあげたら、お漏らししなかったのに」など、上手くいかなかったことや失敗したことなどを、後悔しても過去は戻りません。

さらに「散歩から帰る途中に交通事故に遭うかもしれない」などの非現実的なことを考えてばかりいても、時間が有効に使えないだけでなく、マイナス思考に陥ります。必要以上に落ち込み、悩む時間はもったいないと思うことです。

上手くいったことでも、上手くいかなかったことでも、過去をいかに未来につなげようかと考えていくことが、プラス思考につながります。そして実現可能なことを考えて実行すべきです。

以上、物事をプラスに、ポジティブにとらえていく方法について考えてきました。プラス思考とは、決して、失敗しても気にしないとか、困難な事態に直面しても真剣にとらえないということではないということがおわかりいただけたかと思います。

⑤身体の動きが心をプラスに導く

メンタルトレーニングを発展させてきたスポーツ心理学において、プラス思考を心掛けることは、野球でのキャッチボールに相当するような基本中の基本になります。多くの研究にて前向き思考が強い方が、良い結果を生み出すという結論が出されています。筋力や瞬発力が優れていると、高い運動能力につながりますが、メンタルの強さはいかに物事を前向きにとらえられるかに相関します。

たとえば野球のピッチャーをしていて、九回裏、二アウト満塁、一打逆転負けというピンチの場面で、「ようし、ここはしっかり押さえて、チームの勝利に貢献するぞ」と考えるのか、「やばい、ここで打たれたらどうしよう」と考えるのかでは、前者の方が良い結果を生みやすいでしょう。

練習でも、「オレは強くなる」と思いながら練習するのと、「どうせ、だめだ」と思いながら練習するのでは、練習効率が変わってきます。優勝をするような人、チームの多くは、「チャンピオンになる」「絶対勝つ」という前向きな思いで練習に励んでいます。

ただ、プラス思考を日々意識することは重要ですが、それだけでは十分な成果は得られません。そこで、スポーツ選手は次に紹介するプラス思考を育むトレーニングに取り組んでいます。たとえネガティブな気分であったとしても、明るく前向きな言葉を用い、表情や姿勢を作って気持ちをプラスに導いていくことが、プラス思考を育むトレーニングの目的です。ストレスを感じやすい介護においても、トレーニングの積み重ねがメンタル面を安定させていきます。

●セルフトーク

セルフトークとは「ひとり言」です。自分自身と会話をして、自己暗示をかけていく方法です。

ポジティブな言葉を口に出し、自分に語りかけて、不安、恐怖、焦りなどを取り除きます。

まずは鏡の前で自分に対し簡単な挨拶をします。

「おはよう」
「今日も元気だ」

引き続き、鏡を見ながら、ポジティブな言葉を意識して自分に語りかけます。

「いい顔してるね」
「介護、がんばるぞ」

もちろん、調子の悪い日や、介護が上手く進まない、気分がすぐれない時もあるでしょ

う。そんな時でも、

「こんな時もあるよね、お疲れ様」

「オーケー、オーケー、これからさ」


など、ネガティブな言葉を使わずに、ポジティブな言葉で会話しましょう。


それでもつらいことや、悲しいことがあるでしょう。

そんな時はネガティブな言葉を口にしても結構です。ただ、最後にはポジティブな言葉で締めくくれると良いです。たとえば、

「ここのところ、お母さんの体調が悪化している。とても心配。でも、元気な娘の笑顔には癒されるなぁ」

「最近、介護と仕事で疲れがたまってきたわ。でも、彼の新曲、目がハートマークになるわ」

など、介護に関係ないものであっても言葉がネガティブからポジティブへ向えば、気持ちもほんの少しマイナスからプラスに向かいます。

一方、使ってほしくないセルフトークは、介護に対する文句や不平、不満です。

このセルフトークは**習慣化**することで効果が出ます。一日の会話においてポジティブな言葉が増えると、プラス思考が養われていきます。数週間、数ヶ月間の積み重ねは大きな力になります。

頭の中でポジティブなことを考え、口癖になるように口にしてみましょう。

●アティチュードトレーニング

アティチュードトレーニングとは、自分の姿勢を意識することでプラス思考を作り出していくトレーニングです。

落ち込んでいる時、悲しい時は、うつむき気味で、肩を落とし、ため息をつくといった姿勢になりがちです。一方、嬉しい時、楽しい時は、正面を向いて、胸を張って、笑みがこぼれます。

つらい表情をした時と、自信のある表情した時

考える人ポーズと、ガッツポーズ

どちらが気分が乗りますか？　後者の方を気分が良いと感じる方が多いはずです。感情によって姿勢や表情が変化しますし、「笑う」ことや「泣く」ことにも姿勢が関与しています。

仮にマイナス思考の状態であっても、意図的にポジティブな姿勢を意識することでマイナス思考に少しでも歯止めをかける、さらにはプラス思考を作り出していくことが、アティチュードトレーニングのポイントです。

このトレーニングは、心の動きが体の動作に影響を与えることを利用して、反対に体の動きで心を動かすという考え方です。

アティチュードトレーニングの具体例です。

それでは、胸を張って、張って、張って……

次に顔を少し上に向けた**ヘッズアップ**の姿勢を心掛けて……

そして自信のある表情、目つきをして……

それぞれ、その姿勢を約五秒間保ち続けてください。

上手くいかない局面での気持ちの切り替えには、ガッツポーズやハイタッチも有効です。どちらも、胸を張って、ヘッズアップを意識してください。

アメリカ・ハーバード大学によるアティチュードトレーニングの効果とテストステロン、いわゆる男性ホルモンとの関係に関する研究報告があります。この研究では、アティチュードトレーニングで行うような胸を張って自分を大きく見せたり、ガッツポーズをしたりといった強気の姿勢をとるとテストステロンが増加し、自分を小さく見せるような弱気の姿勢をとると減少したと報告されており、強気な姿勢をとることが自信につながると結論付けています。

さあ、元気に介護に向かいましょう。

ただし、こういったプラス思考を意識するたびに状態が悪くなるという方がいます。なかには焦っているにもかかわらず、自分はプラス思考だと勘違いしていて、こうしたトレーニングをするたびにメンタルが落ちていく方がいました。そういった場合は、まだまだメンタル強化が十分でなく、基礎ができていないから空回りしていると考えてください。ウエイトトレーニングにたとえるなら、筋力が十分でない時に重たいバーベルを持ち上げているのと同じ状態です。軽いバーベルからトレーニングを開始して、徐々に負荷を上げていくといった無理のない強化方法と同様に、メンタル強化においても自分が負担と感じない時間や頻度、範囲で、プラス思考を育むトレーニングを行ってください。焦りは禁物で、余裕が必要です。メンタルの強さの程度に応じて、プラス思考を意識する度合いも強めていくと良いでしょう。

メンタルトレーニングは魔法でありません。体力と同様、メンタルも数日トレーニングしただけでは鍛え上げられません。セルフトークやアティチュードトレーニングなどを習慣化することで、メンタルを強くしていきましょう。

3 イライラを静め、気分を上げる
——気持ちをコントロールするトレーニング

① パワーが発揮できる理想的な心理状態を目指す

気持ちをコントロールする方法として、「リラクゼーション」と「サイキングアップ」があります。大雑把《おおざつぱ》に言うと、興奮しすぎ、緊張しすぎの時に気分を落ち着かせる方法が**リラクゼーション**、気分が乗らない、やる気が出ない時に気持ちを高めていく方法が**サイキングアップ**です。

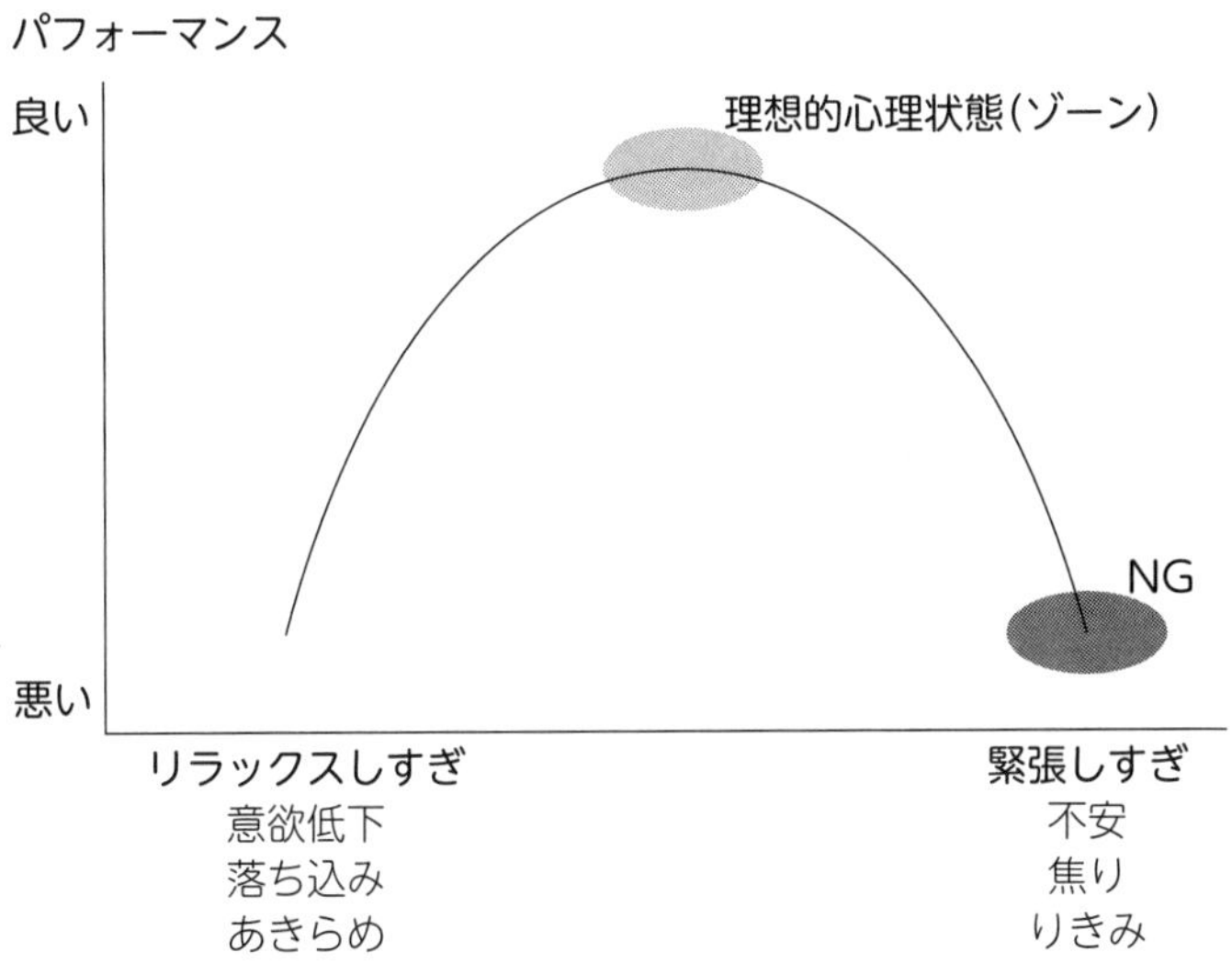

上の図は、「逆U字曲線」と言われる図です。横軸にメンタルの度合い、縦軸にパフォーマンス、すなわち実力の発揮度を示しています。メンタルの度合いがリラックスしすぎでは、力が入らず、意欲が湧きません。また緊張しすぎでは、余計な力が入ったり、頭が真っ白になったりして、やはり実力が発揮できません。緊張とリラックスのちょうど良いバランスがとれた時に理想的心理状態（ゾーン）が生まれます。

ゾーンに入るためには、緊張しすぎの時にはリラクゼーションを中心に気持ちを落ち着かせて、リラックスしすぎの時にはサイキングアップを中心に気持ちを高めることで、気持ちをコントロールします。

なぜ、これらのメンタルトレーニングで

気持ちがコントロールできるのでしょうか？

セロトニン研究の第一人者でセロトニンDojo代表、東邦大学の有田秀穂名誉教授によると、**ノルアドレナリン**、**ドーパミン**、**セロトニン**という三つの脳内物質は、心に関わる重要なもので、**「心の三原色」**と定義されています。人間はホルモンや脳内物質の影響に敏感に反応します。

特に脳内物質のバランスを整えるのに有効な方法の一つが、リラクゼーションやサイキングアップのようなメンタルトレーニングです。ノルアドレナリンは、**脳内危機センター**ともよばれ、ストレスによる不快、不安、怒りを感じさせる物質で、闘うか逃げるかの反応を引き起こします。実際には脈拍数が増加し、体温が上昇してきます。さきほどの逆U字曲線の横軸にノルアドレナリンの濃度をあてはめるとノルアドレナリン曲線とも置き換えが可能で、濃度が低い状態ではリラックスしすぎ、高い状態では緊張しすぎになります。

一般的に緊張した状態からリラックスさせるより、リラックスした状態から緊張感を高めていく方が簡単です。

たとえば、ぐっすりと寝ている状態の時に、ふと横にナイフを持った男がいることに気付いたら、飛び起きて、ダッシュで逃げることもできるでしょう。リラックスした状態から瞬時に興奮状態へ移行することは、ノルアドレナリンを多量に分泌させることで、短時間のうちに可能になります。逆に、異常な興奮状態からすぐに寝ることは、薬の力でも借りない限り、とても難しいことです。ケンカで頭に血がのぼっても、しばらくの間、興奮覚めやらぬ状態が続いたことは多くの方が経験しているかと思います。

これは、過剰に分泌したノルアドレナリンが代謝されて減るまでに時間がかかるために興奮状態から脱せないのです。つまり、過度の緊張状態からよりも、リラックス状態からの方が、容易にゾーンに入れると言えます。ですので、まずリラクゼーションによって気持ちを落ち着かせてから、サイキングアップで気持ちを高めていく「リラクゼーション➡サイキングアップ」の流れで、気持ちをコントロールしていくことが有効です。

② イライラ・ドキドキを静める「リラクゼーション」

リラクゼーションとは、緊張しすぎ、強い不安、焦り、りきみを感じる時に気持ちを落ち着かせるトレーニングです。介護をしていると、ストレスを感じ、不安や焦りでイライラするなどのマイナスの興奮が強くなる場面が少なくありません。ノルアドレナリンが過剰に分泌しており、この状態は脳の疲労につながります。

また、休息や睡眠の時間をしっかり確保しているはずなのに、だるさが抜けないと感じている方は少なくないと思います。これは無意識に緊張して、余分な力が脳や筋肉にかかって、十分にリラックスできていない可能性があります。

緊張しすぎの状態、特に逆U字曲線のNG部分の状態が長く続くのは危険です。正しい判断ができなくなるだけでなく、うつに陥り、最悪、衝動的な自殺にもつながりかねないので、なんとしても避けなくてはいけません。

とはいえ、介護の現場ではリラックスできる時間や空間の確保が難しいかもしれません。そのため、リラクゼーションによって効率良く気持ちをリラックスさせるトレーニングが大変重要になります。リラクゼーションには**呼吸法、筋肉をゆるめる体操、スマイル**などがあります。仕事や勉強への気持ちの切り替え、疲労回復や気持ちのリフレッシュにも効果的です。焦らずじっくりと取り組みましょう。

●呼吸法

呼吸法はトレーニングとして使用する頻度が高く、積み重ねによって気持ちのコントロールがつけやすくなります。「呼吸を制する者は、心と体を制する」という言葉があるほどで、呼吸法はスポーツ心理学において最重要トレーニングと位置付けられています。

座った状態、または寝た状態で深呼吸を意識します。

それでは、鼻からゆっくりと息を吸って、吸って、吸って……(約五秒)
次に息を止めて、止めて、止めて……(約五秒)
そして口から息をゆっくりとはいて、はいて、はいて……(約五秒)
はきながら全身の力を抜きましょう。

これを数回繰り返します。

呼吸をしながら、腕をリラックスさせた状態で、両手のひらを上にした状態でお腹の前において、息を吸いながら少しずつ胸のほうに上げていきます。息をはく時には、両手のひらを下にして、次に両手をお腹の方にゆっくりと戻していきます。呼吸に身体動作を合わせると、より効果的になります。

なるべく呼吸に意識を集中して、できるだけ不安感や恐怖心などから意識を背け、介護をしている相手の笑顔をイメージするなど、前向きな気持ちを保つようにします。

不意のアクシデントなどで感情が非常に不安定になり、呼吸が乱れたとしても、手の動きだけでも意識しているうちに、呼吸が安定してくる場合があります。

数年来、メンタルトレーニングを学んでいる五〇代の女性。介護中である認知症の父が他人の家の屋根に昇り、警察沙汰になったという連絡を受けた時に、ショックで涙があふれ出ました。その時に冷静に呼吸をゆっくりしなくてはと意識しましたが、上手く息が吸えずに苦しくなり、倒れそうになりました。それでも焦らずに普段から練習している呼吸法の手の動作を無理やり意識して取り入れると、少しずつ呼吸も精神状態も安定していきました。そして、その後の対応を何とか冷静に行うことができました。彼女は「メンタルトレーニングをしていなかったら、間違いなく過呼吸になっていました」と述べています。

このように呼吸法は、呼吸のみでなく姿勢や手の動きを含めてトレーニングをすることが大切になります。

それでは、質問です。

「この呼吸法をしながら、ケンカができますか？」

深呼吸をしながら、普段のうっぷんを吐き出すように、

「いいかげんにしろ」

と、怒鳴ってみてください。とても難しいはずです。呼吸法を心掛けると、怒りの感情を抑えることにつながるからです。

なぜ、呼吸法によってリラックスできるのか？

それは**自律神経**によるものです。自律神経は意識とは関係なく血圧や脈拍数、消化管の運動、体温の調節などを行う神経で、意識的に手足を動かす神経と異なります。自律神経には**交感神経**と**副交感神経**があり、交感神経は主に活動時に働き、副交感神経は主に安静時に働きます。自律神経の中で、自分が意識して調節しやすい機能があります。それが**呼吸**です。呼吸数や呼吸の深さは自分でコントロールが可能で、早い呼吸で交感神経が、ゆっくりとした呼吸で副交感神経が刺激されます。緊張しすぎの時は、交感神経が優位に働いていますので、意識して副交感神経を働かせることが有効になります。そのために、呼吸数を減らして、深く呼吸をすることが大切です。**ずばり、深呼吸です。**逆に、気分が上がらない時は、呼吸数をわざと早めにすると良い場合があります。

●筋肉をゆるめる体操

全身の筋肉をリラックスさせることも大切です。介護の疲れ、ストレスなどが持続すると、リラックスしているつもりでも、無意識に余計な力が入ります。介護では、普段使わない筋肉に力が入り、姿勢が悪くなり、首や腰が痛くなることもあります。そういう場合も余計な力を使っている可能性があり、倦怠感《けんたいかん》が増す原因ともなります。そこで、筋肉をゆるめる体操を取り入れてみましょう。通常、寝た状態で行います。

余計な力を抜いて、リラックスしましょう。

まず右手に力を入れて、入れて、入れて（数秒間）……リラ〜ックス（力を抜きます）
次に右ひじに力を入れて、入れて、入れて（数秒間）……リラ〜ックス（力を抜きます）

その後、右肩⬇左手⬇左ひじ⬇左肩⬇右足⬇左足⬇首⬇胸⬇お腹など体の各部分を順番に、「数秒間、力を入れて……リラ〜ックス」と、意識しながら緊張させた後にリラックスさせます。力を入れている時に息を吸って、リラックスと同時に息をはくといった呼吸法を併用し、ＢＧＭとして気持ちが落ち着く音楽を流すとより効果的です。

●スマイル

スマイル、つまり笑うことは、リラックスするための簡単な方法です。笑顔を心掛けると、自然と全身の力が抜けやすくなります。楽しいことがイメージできなくても、とりあえず形だけでも笑うことが大切です。

疲れを感じた時にスマイルを心掛け、疲れを吹き飛ばす

上手くいかなかった介護、舌打ちではなく、スマイルで次につなげよう

と、スマイルを意識してみてください。

大変な介護であっても心の中で、

「大きな赤ちゃんみたい。よちよち歩く姿がかわいいわ」

「はげ頭、なでなでしちゃおう。気持ちいい」

といったように身の回りの状況を笑ってみてください。大切なご家族に対して不謹慎な部分もあるかもしれませんが、少々遊び心があっても良いと思います。箸《はし》が落ちるのを見て笑う。隣の人の顔を見て笑う。楽しい会話で笑う。日常の一コマ一コマにスマイルしましょう。

何事も必笑《ひっしょう》です。

スポーツ心理学の権威、東海大学体育学部競技スポーツ学科の高妻容一教授がメンタルトレーニングの一環としてリラクゼーションの実技指導をした時のエピソードです。ロンドン・オリンピック、ボクシング金メダリストで平成二九年一〇月にWBA世界ミドル級チャンピオンとなった村田諒太《りょうた》選手は、指導を受けた後に次のような感想を述べました。

「今まで、自分ではリラックスしているつもりだったけれど、全然、リラックスできていなかった。リラックスするって、こういうことなのか。メンタルトレーニングのリラクゼーションによって、心身ともに本当のリラックスが身をもって体験できて、涙が出る想いだ」

その後に村田選手自身のホームページ上のコラムにて、

「最近の個人的な課題は『リラックスする』ということです。意外とこれって難しくて、『頑張る』ことの方がリラックスすることより簡単にできます。（中略）頑張ることだけではなく、リラックスをトレーニングする。今の課題です」

との言葉をアップしています。

「リラックスをしましょう」と言って、どのくらいの方が有効なリラックス方法を実践できるでしょうか？　リラックスしているつもりでも、村田選手のように十分にリラックスできていないかもしれません。漠然とリラックスを心掛けるより、こうした方法を駆使してトレーニングとして取り入れることで、いつでも、どこでもリラックスできるようになります。

③ 気分が乗らない時には「サイキングアップ」

質問「**どうしたら、気合が入りますか?**」

サイキングアップとは、リラクゼーションとは逆に、気分を乗せ、やる気を高めることを目的にしています。

介護で気分が落ち込み気味である、やる気が出ない……

このような沈んだ気持ちを吹き飛ばして、やる気を高めていく一つの重要なトレーニングがサイキングアップです。**心理的ウォーミングアップ**ともいい、楽しい、面白いといった気持ちを意識的に作ります。逆U字曲線(四三頁)の横軸にある意欲低下の状態から右方向へとシフトさせ、理想的心理状態へもっていきます。

●リズム&手拍子

サイキングアップにはさまざまな方法がありますが、まずは、音楽を使用する方法をご紹介します。

音楽を聴いていると、その曲のリズムに自然と呼吸が合ってきます。アップテンポの曲を聴いてみて、その時の呼吸の状態を確認してみてください。無意識のうちに早い呼吸をしていませんか？ 今度は、こういったアップテンポの音楽なしに一分間に三〇回以上の早い呼吸数を維持してみましょう。かなり難しいですよね？ アップテンポの曲を聴きながらだと、簡単に呼吸を早くできます。リズムに呼吸が合いやすいのです。さらに音楽に合わせて手足を動かしていくと、心拍数が上がって、自律神経の交感神経が優位に働くようになります。

サイキングアップには、好きな曲ややる気の出る曲でアップテンポのものがぴったりです。たとえば、運動会でよく流れるジャック・オッフェンバック作曲「天国と地獄」、ドミトリー・ボリソビッチ・カバレフスキー作曲「道化師のギャロップ」、ジョアキーノ・ロッシーニ作曲「ウイリアム・テル序曲」などは、このトレーニングに向いています。また、J・ガイルズ・バンドの「センターフォールド（堕ちた天使）」は、ノリが良くてリズムがとりやすく、サイキングアップによく使用されています。

次に、曲に合わせて手拍子をしながら体を動かし、メロディーを口ずさんでみてください。顔を少し上へ向けたヘッズアップ姿勢と笑顔を意識して、手拍子は、なるべく胸の前の高い位置でしましょう。曲の終わりに、プラス思考を意識して、「よっしゃー、頑張るぞー」など、気分が高まる一言を発し、ガッツポーズなど決めのポーズをとります。一分程度でも、まずまずの運動量になります。手拍子だけではもの足りないという場合は、もちろん歌を歌いながら踊ってもかまいません。

●肩たたきゲーム、本気じゃんけん、あっち向いてホイ

パートナーがいれば二人で行うサイキングアップとして、肩たたきゲーム、本気じゃんけん、あっち向いてホイなどがあります。

肩たたきゲームとは、パートナーと向き合い、お互いに自分の肩をタッチされないようにうまくかわしながら、相手の肩をタッチしたら勝ちという簡単なゲームです。

本気じゃんけんとは、気合を入れてじゃんけんをすることです。お互いに大きな声で、「お願いします」と挨拶をした後、「最初はグー。じゃんけんポン」の合図で本気でじゃんけんをします。勝った人は、プロボクシングで世界タイトルを奪取したかのごとくに、派手なガッツポーズとともに歓喜の雄たけびを上げるなど本気で喜びます。負けた人は、勝った人の勝利を心から讃《たた》えて、拍手を送ります（オリジナルの本気じゃんけんは、負けた

ら本気で悔しがり、次に気持ちをつなげていくようにするのですが、負けた人の本気度が強いと、特に連敗した時にさらなる落ち込みにつながるので、このようにアレンジしました）。

これらのゲームのポイントは、勝っても負けても本気で感情を表現することです。感情を強く意識すればするほど、脳への刺激が強くなり、瞬時に喜びや相手に対する尊敬といったプラス思考を作り上げる有効なトレーニングとなります。

おじいちゃんとあっち向いてホ

イをする。おばあちゃんと本気じゃんけんをする。お父さんと肩たたきゲームをする。など、介護を受ける人と一緒にサイキングアップを行っても良いでしょう。

サイキングアップでは、遊び心をもってふざけます。楽しい、好き、面白いという気持ちを作っていきます。

サイキングアップをしながら「頑張るぞ」「負けるものか」などの声を張り上げて、気分を高めることも有効です。心の底から楽しいという気持ちで行えれば、より気持ちが乗って、やる気が高まります。

一日二四時間、常に前向きでいるのは難しいことですが、ショックを受けた時に、二四時間、ずっと落ち込み続けてしまった経験がある方は多いのではないでしょうか？

しかし、落ち込んだ状態の時にサイキングアップで、反射的に気分が乗る、嫌なことを忘れられることができれば、精神的ダメージを最小に食い止められます。サイキングアップを、バカバカしいとは思わずにトレーニングしていけば、反射的に気持ちを乗せられるようになります。

またサイキングアップを工夫すれば、短時間で結構な運動量が確保でき、肥満対策と予防、筋力アップ、心肺機能改善にもつながります。

さらにロコモティブ症候群（ロコモ）の予防にも有効です。ロコモとは、筋肉や骨など運動器の障害により、要介護になるリスクの高い状態のことで、代表的なものは、骨《こつ》そしょう症に伴う背骨の変形です。ロコモはメタボや認知症と並び、健康寿命の短縮、寝たきり状態の三大要因の一つになっています。介護をしている方から、将来、自分は要介護にはなりたくないと言う声がちらほらと聞かれますが、サイキングアップによる運動は、ロコモ対策であるロコモーショントレーニング、略してロコトレにもなります。

女優・タレントのいとうまい子さんは、早稲田大学で予防医学、ロボット工学について研究をされていますが、ロコトレとして、スクワットのような下半身の運動が有効と述べています。サイキングアップに下半身の動きを取り入れることで、将来、介護を要さないですむ老後人生にもつながります。

以上、リラクゼーションやサイキングアップについてご紹介してきましたが、より詳しく知りたい方には、DVD『高妻容一の実践！メンタルトレーニング』（ベースボール・マガジン社）が参考になります。

4 介護者としての健康管理術
――セルフ・コンディショニング

① 健康維持のための生活のリズム

介護のある生活において、誰が主役と考えるべきでしょうか？　介護する側でしょうか？　介護される側でしょうか？　一般に、介護される人が主役と考えられがちですし、もちろんそう考えなければならない場合はあります。しかし、実際に介護するのは自分です。ここでは、介護する側である自分を主役として、生活に主体性をもって、いかにより良い介護をしていくかを考えてみます。

まずはセルフ・コンディショニング、つまり自分自身の体調を整えることが重要です。

介護する自分が心身ともに元気でないと、介護される人にパワーが与えられません。そのために大切なのは、健康であるために大切な**生活のリズムと食事、睡眠**をいかに確保するかです。当たり前のことですが、起床、就寝、そして食事の時間を、なるべく一定にできると良いです。

朝起きて、太陽の光を浴びて、太陽からパワーをもらいましょう。太陽に当たると、**メラトニン**というホルモンの分泌が減り、体が昼間だと認識し、生体リズムが調整されます。これに対して夜型の生活は太陽の恩恵を受けられず、健康上良くありません。

スポーツ心理学では、朝のセルフ・コンディ

ショニングの一つとして、朝の散歩で気持ちを調整することを推奨しています。行う内容は異なりますが、旧ソ連の選手は、朝のセルフ・コンディショニング・トレーニングを毎日実施していたと言われています。

ただし、介護では仕事や家事を同時にこなす方も多く、散歩時間の捻出《ねんしゅつ》が難しいかもしれません。それでも、太陽に当たることで、生活のリズムが整えられて精神が安定するので、日光アレルギーでもない限り、日中、外に出る時間の確保に努めてみましょう。

また、家族の病気によるストレスで食事が喉を通らず、痩せて、体力が落ちていくといった方が少なくありません。食生活の乱れや不眠で体調を崩す方もいます。しかし、介護する自分が倒れてしまっては、介護される側にも悪い影響が出ます。

そのために無理矢理にでも、自分の食事と睡眠を規則正しく取るようにしましょう。食事と睡眠も大切な仕事のうちだと認識して、いかに食事、睡眠の時間を確保していくかを考えましょう。それには食事、睡眠の時間をあらかじめ決めてしまうというのも一つの手です。

数年前よりメンタルトレーニングを学んでいる四〇代の男性がいます。妻が突然、子宮ガンと診断され、手術、化学療法を受けました。この男性は会社役員を務めており、仕事でも多忙を極めていました。また三児の父でもあり、妻の病気の介護、仕事、子どものことで頭が一杯になり、パニックに陥りそうになりました。食欲が落ち、夜中に不安で目が覚めて、吐いてしまうこともあったようです。

そんな時ほど、

「落ち込んでいるだけでは、前に進まない」

と思い直して、不安を強めないように、お笑い番組を見ながら頭をリラックスさせて、無理矢理規則正しい食事を心掛けたそうです。睡眠については、リラクゼーションに加え、適量の酒とアロマと、時には睡眠導入剤の力を頼りながらも、睡眠時間の確保を優先させました。夜中に目が覚めても、寝ることに意識を集中させたため、多少の睡眠不足に陥る時はあっても、体調を崩すことはなかったと言います。妻の介護は一年以上続きましたが、自分のコンディションを整えていたおかげで、体調面でも精神面でも大きく落ち込むことはありませんでした。

介護する自分が栄養失調だろうが、寝不足だろうが、介護される人の体調には直接の影響はありません。しかし、寝不足だったり、体力が落ちていたりしている状態では、何気ない一言や些細《ささい》なことで、イラッとします。そうすると介護される人に対して、お世話が雑になる、すぐに怒る、しいては虐待するなんてことにもつながりかねません。どうせ食事をするならしっかり栄養のバランスを考え、どうせ寝るならしっかり睡眠時間を確保したほうが、明日につながります。

父親の介護に携わる家族から、

「お父さんがこんな状態なのに、よく平気で寝られるね」

といった皮肉めいた声があったとしたら、

「お父さんがこんな状態だからこそ、しっかり寝て体力を維持しなくては。お世話がおろそかになっちゃうからね」

と返すような心構えが大切です。

②　自分の時間と空間の確保

セルフ・コンディショニングを維持するために、自分の時間と空間を確保しましょう。

一日のうちに、少しでも自分の時間と空間があるかないかで自分への負担が異なってきます。特に介護が長期にわたる場合はなおさらです。介護で疲れてストレスが溜まっても、自分自身の心が解放される時間や空間があれば、多少は気持ちが楽になるものです。

生活を介護一色にせず、自己犠牲が美徳と考えず、自分自身をケアするために、自分の時間と空間を作って、その間に思いっきり発散することを考えてください。

次の表を作り、一日の予定を書き入れてみましょう。そのうち、食事、睡眠の時間など

時間	月	
5:00		
6:00		
7:00		
8:00		
9:00		
10:00		
11:00		
12:00		
13:00		
14:00		
15:00		
16:00		
17:00		
18:00		
19:00		
20:00		
21:00		
22:00		
23:00		
0:00		
1:00		
2:00		
3:00		
4:00		

自分の時間に色付けしてみてください。一週間のうちどれぐらい自分の時間は確保できていますか？　自分の時間と空間を有効に使えれば、気持ちを切り替えられて、疲れや愚痴を引きずらなくなります。これは非常に大切です。

競輪レース中の転倒により、医師からは「一生寝たきり」を宣告された、元競輪選手の多以良泉己《たいらみずき》さん。介護をしてきた奥さんの宇佐美総子《うさみふさこ》さんはこう話しています。

「介護をいくら頑張っても、効果が表れにくい時は、心も体も疲労しやすく、サポートする自分も同様に深く傷つき、気持ちが深く落ち込みました。そんな時は、外の公園でひなたぼっこしながら、冗談を言って笑ったり、スーパー銭湯へ通い、マッサージを利用したりしました。また、体に良いお茶を飲んで、栄養価の高いものを口にするといった自分へのケアを徹底的に行いました。『自分が元気でないと元気を分けてあげられない』と思っていたので、そういった自分へのご褒美《ほうび》は惜しまないよう心がけました」

特に介護が上手くいかない時ほど、発散する場の確保、自分自身のケアが大切ということがわかります。時間はかかりましたが、宇佐美さんの献身的な介護により多以良さんは、杖を使用しながら自分で歩行でき、障害者自転車競技に出場できる状態にまで回復しました。（詳細は宇佐美総子著『幸せをはこぶ天使のパン』、主婦と生活社）

介護に加えて、家庭のことや仕事をしている方からは、とても自分にかまう暇はないという声を聞くことがあります。ただし、自分に余裕がない状態が長期に及ぶと、体調を崩しかねませんし、メンタル的にも良くありません。多忙な状況でも、頑張った自分へのご褒美と考えて、しっかり自分自身をケアしてください。

自分の時間と空間確保も、介護する上での大事な義務として考えていきましょう。

③ セルフ・コンディショニングを維持するコツ

食事、睡眠、自分のケアは大切だと、おそらく、多くの方が感じていることでしょう。では、「それをやっていますか?」という質問に対して、答えはいかがでしょうか?「はい」と答える方は少ないのではないでしょうか? ほとんどの方は、「それが良いことは知っている」と言いますが、その良いことを実行しているかと言えば、そうではありません。

「知っている」と「できる」、「わかっている」と「やっている」は異なります。「良いこと」を知り、その中で自分に合うものを取り入れ、実践していくことが大切です。短期間で飛躍的に変わるのは難しいので、良いことを意識した日々の習慣がセルフ・コンディショニングを維持していくコツです。

自分にとっての良いこととは、必ずしも睡眠、食事に限りません。人によっては、おしゃべりや買い物なども心の安定の維持につながります。

ある四〇代女性の体験談です。

七〇代の母がいきなり、重度のうつ病になり、緊急入院となりました。母の突然の入院により、女性は病院通いに加えて、家事を自分の家族と父の分と、今までの二倍しなくてはならなくなり、イライラが募っていきました。そして、いけないことだとわかっていながら、何も悪いことをしていない娘に当たってしまったそうです。そうすると、母の介護のいらだちに加えて罪悪感が重なり、さらにメンタルが落ちていくという悪循環に陥りました。

ストレスが膨らんでいたある時、娘の学校の発表会で、彼女の頑張る姿を観て、とても気持ちがリフレッシュできたそうです。その後に娘に行ったことを詫びて許してもらうと、さらに気持ちが和み、自分の中にも多少の余裕が生まれるようになりました。これを契機にイライラした時は娘に当たるのでなく、彼女と買い物に行ったり、おしゃべりをしたりなどして楽しく過ごすように切り替えました。おかげで自分のコンディションも維持しやすくなったとのことです。

悪いこととわかっていても、つい、やってしまうこともあるかと思います。それが心の重荷になってしまう場合もあります。この四〇代の女性のように、悪いことを詫び反省して、良いことを行うことで気持ちが安定し、セルフ・コンディショニングの維持につなげていける場合があります。

●ルーチーン

セルフ・コンディショニングの維持に役立つメンタルトレーニング、「ルーチーン」をご紹介します。

ルーチーンとは、決まりきった動作、手順、手続きのことを言います。スポーツ心理学では、プレパフォーマンス・ルーチーンと言い、パフォーマンスの前に行う、一連の考えや動作が重要とされています。

ルーチーンと言えば、ラグビーの五郎丸歩選手のプレイスキックの前の「お祈りポーズ」、プロ野球のイチロー選手のバットを回して膝の屈伸をして……といった打席前の一連の動作が代表的です。スポーツ以外にも棋士羽生善治さんは、試合の時に将棋の駒の並べ方をルーチーンにして気持ちを安定させています。

このように同じ動作をすることで、気持ちをぶらさず安定させて、次の行動につなげるトレーニングです。

ルーチーンには、心が乱されたとしても、行動を同じにすることで、メンタルを安定させる目的があります。

私達には、歯を磨くことやシャワーを浴びること、トイレの後に水を流して手を洗うことなど、手順を意識せずとも行動できていることがありませんか？　これら無意識の行動は負担でしょうか？　いいえ、多くの場合は習慣として簡単にできます。習慣づけられた行動やプランは、環境が変化しても、プレッシャーがかかっても、気持ちが落ち込んでいても、常に安定したパフォーマンスとして発揮しやすいのです。「いつも通り」を意識すれば、勝手に体が反応してくれます。ルーチーンをトレーニングすることで、食事や睡眠、自分のケアが習慣となれば、一連の行動が自動化されます。たとえば、

朝起きた後に、カーテンを開け、伸びをしてから顔を洗う
イライラした時に、部屋から出てのけぞって深呼吸する

朝起きて、顔を洗う習慣のある人にとっては、環境が変わってもこれをすることは苦になりません。むしろ、顔を洗うことがルーチーンとなって、一日のリズム形成にもつながります。また、そこに朝日を浴びることや伸びをすることをルーチーンとして加えれば新しい習慣も定着しやすくなります。イライラした時に外の空気を吸って気持ちを切り替える、さらに外の空気を吸ったら、「必ず気分が落ち着くはずだ」と意識する所までルーチーンとしてトレーニングしていくと、気持ちの切り替えに役立ちます。こういったルーチーンによって、気持ちがリフレッシュできれば、セルフ・コンディショニングの維持にもつながります。

また介護の前の動作をルーチーンにすることで、自分のリズムを作ることができて、その後の動きを自動的に行うことが可能となります。

「入浴の介助をしなくてはいけないけれど、今日は気が乗らない。やりたくないいな」という気分であっても、とりあえず介助を始める前のルーチーンがあれば、その動作をすることで入浴の介助までが自動化されます。

準備の順番を毎回同じにし、「体温良し、浴室の温度良し、タオル良し」など声に出して指さし確認する

ロッキーのテーマ曲をかけて、シャドーボクシングをしてから介助に入る

など、自分のルーチーンを決めて、いつでも、どこでも、どのような状況でも、習慣づけていくことが大切です。

では、どのようにルーチーンを決めればよいでしょうか？　大相撲琴奨菊《ことしょうぎく》関の、取組み前のルーチーン、両手を大きく広げて上半身をのけぞらせる姿勢「琴バウアー」は、琴奨菊関が気持ち良いと感じるポーズから誕生したようです。またイチロー選手の打席前のルーチーンは、集中力を高める儀式を意識して作り出されました。ルーチーンは自分だけのものです。自分が心地良くできて、気持ちが切り替えられるようなものを考えてみましょう。

そして、自分のルーチーンを決めたら、恥ずかしいと他人の目を気にしてはだめです。堂々とこなしましょう。また、

布団を片付ける前に、膝を二回叩いてガッツポーズして「よっしゃ」と叫ぶといったように、セルフトークやアティチュードトレーニングをルーチーンにしても、前向き思考につながります。

④ 食事の工夫

栄養補給は、心身の健康のために不可欠です。いかに介護が大変で、身体や心が疲れていたとしても、時間的に規則正しい、バランスのとれた食事ができると良いです。五大栄養素である炭水化物、タンパク質、脂肪、ビタミン、そしてミネラルをバランス良く摂取するのが理想です。介護に向かうエネルギーが蓄えられます。

しかし、暗い気分や不安、焦りといったマイナス思考での食事はお腹に良くありません。実際、腸の動きが悪くなって、下痢したり、便秘になったりします。どうせ食事をするのなら、

「これからの介護、気が重い」

と、ため息つきながら食事をするのでなく、セルフトークを使って
「よーし、食後は、運動も兼ねて親父の散歩に付き合うぞ」

と前向きな言葉を使いながら食事できると良いでしょう。さらには、バラエティー番組を見て笑いながら食事をするなど、食事をする環境を考えて、少しでも明るく、楽しくできると、栄養が効率良く吸収されます。

とはいえ、介護の場面では食欲が低下したり、イライラしたりする場面も多いかと思います。そのような時は次に紹介するような工夫をしてみてください。

(1) 食欲不振時は最低限のカロリーを

気分がすぐれずに食欲が低下している時は、なかなか栄養バランスまで考える余裕がありません。むしろ栄養失調が懸念されますので、自分の好きなもの、喉を通りやすいもの、胃にやさしいもので、いかに栄養を確保するかを考えていきましょう。一般に食欲が落ちている時でも、あっさり系、スウィーツ、フルーツなどは比較的、喉を通るという方がいます。まったく食事を受付けない精神状態では、カロリーの比較的高いフルーツジュース、飲むヨーグルトなどを飲んで、最低限のカロリーを摂取しましょう。手軽に栄養を補給で

きるカロリーメイトなどの栄養補助食品が有効な場合もあります。

(2) 玄米食でイライラ防止

イライラしている時は、精神が安定するような食事が良いです。たとえば、気持ちを落ち着け、不安を和らげる作用がある神経伝達物質のγ《ガンマ》－アミノ酪酸《らくさん》（GABA）を含む玄米です。玄米は、他にビタミンB_1、亜鉛、マグネシウムなどのミネラル、食物繊維を豊富に含み、体力向上機能を有していて、倦怠感《けんたいかん》の軽減にもつながります。

またお腹の調子が良くないと、気持ちも安定しません。ビフィズス菌、乳酸菌など善玉腸内細菌は、お腹の環境を整えると同時に、セロトニンを増やし、精神を安定させます。ちなみに、お腹の中が善玉腸内細菌をメインとしたブタ、悪玉腸内細菌をメインとしたブタで比較した研究では、善玉腸内細菌がメインのブタは社交的、友好的だが、悪玉腸内細菌がメインのブタは自閉的になると報告されています。また塩分の摂りすぎは、喉が渇いて血圧が上がる不快感からイライラを助長させることがありますので注意してください。

(3) 精神安定の脳内物質セロトニンを増やす食材

感情をコントロールする脳内物質セロトニンの元となるのは、必須アミノ酸の一つであ

	卵	魚、海藻	穀類、野菜、果物	加工食品
トリプトファン	・鶏卵	・かつお ・まぐろ ・魚卵	・小麦胚芽 ・アボカド ・バナナ ・ナッツ類	・乳製品 牛乳 チーズ ヨーグルト など ・大豆製品 豆腐 納豆 しょうゆ 味噌など
ビタミンB_6		・さけ ・さんま	・にんにく ・しょうが ・豆類	
マグネシウム		・わかめ ・ひじき		
ナイアシン			・緑黄色野菜 ・きのこ類	

る、**トリプトファン**という物質です。トリプトファンは、体内で合成できないため、食事により摂取する必要があります。また
セロトニンはトリプトファン以外にビタミンB_6、マグネシウム、ナイアシンからも合成されます。

上の表は、セロトニンの元となる成分を含む食材の一覧です。どれも健康的と言われているものばかりです。これらを献立メニューに取り入れて、脳内のセロトニンを増やしていきましょう。

⑤水分補給の工夫

水分補給も重要です。介護をしていると

知らない間に時間が経ち、つい水分補給を怠《おこた》ってしまう場合があります。では、どのようなものを飲めば、効率良く水分補給ができるでしょうか？　近年の水分吸収の研究では、水の中に塩分や糖分が少し入っていて、その濃度が血液の浸透圧に近いものが体内に吸収されやすい、つまり、飲んだものが体の中に留まりやすいとされています。代表的なものは、スポーツドリンクです。

フルマラソン、四二・一九五キロを走るには、強靭《きょうじん》な体力に加えて、水分補給がとても重要になります。

一九七二年のミュンヘン・オリンピックの男子マラソン金メダリスト、フランク・ショーター選手は、コーラの炭酸ガスを抜いたものを給水時に飲んでいました。公務員マラソンランナーとして有名な川内優輝選手は、水に蜂蜜、塩、レモンとオレンジを混ぜたものを、スペシャルドリンクとして飲用しています。

長距離を走るための水分補給に大切なのは、**水分に加えて、塩分、エネルギー源となる糖分、疲労回復のためのアミノ酸、気分リフレッシュのためのフレーバーと言われています。**介護における水分補給にも、参考にして良いと思います。ただし、糖分が含まれているものを多量に飲むとメタボリック症候群になりますのでご注意ください。

介護の現場、特に夏場は脱水になりがちです。脱水の主な症状は、喉の渇きです。他にめまい、ふらつき、頭痛、吐き気などを伴う場合があり、脱水が進むと、尿量が減ります。重症の脱水では、意識障害やけいれんを生じます。なんだか体調がおかしいと感じた時に、水分を一気飲みして体調が改善する場合は、脱水状態を考えた方が良いでしょう。

参考までに、電解質と糖濃度からの水分吸収を考慮し、水分吸収の点でもっとも優れた飲みものは、**「OS-1」（大塚製薬）**です。

⑥ 五感を利用してリラックス

五感とは、視覚、聴覚、嗅覚、味覚、触覚のことを言います。これらを上手く利用すると、体がリラックスできて、疲れが取れます。同時に、気持ちもリラックスし、リフレッシュできます。この五感は脳にある前頭葉（味覚、嗅覚）、側頭葉（聴覚）、頭頂葉（触覚）、後頭葉（視覚）という大脳の四つの部分に関与しています。

介護による不安、恐怖、焦りなどが続くと脳が疲労します。このような状態では、仕事や作業の能率が低下して、ミスが増加し、さらに不安や焦りが強まるといった負のスパイラル（二六頁）を引き起こします。疲労した脳を回復させるには、五感を利用したリラックス方法が適しています。

五感は、感情にも密接に関係しています。心地良い感覚は気持ちを快適にする一方、不快な感覚は嫌な気持ちになります。五感を有効に活用することで気持ちを安定させると、セルフ・コンディショニングの維持につながります。

五感を利用したリラックス状態を生活の中に取り入れてセルフ・コンディショニングに役立ててみてください。

(1) 味覚と嗅覚

味覚と嗅覚を利用して前頭葉をリラックスさせます。美味しいものを味わった時、良い匂いを嗅いだ時、気持ち良くなりませんか？　慌ただしく、介護の愚痴を言いながら食事をするのでなく、どうせ味わうなら、美味しく味わいましょう。「あー、美味しい」「激ウマ」など、セルフトークを交えるとより効果的です。

またコーヒーや紅茶、アロマなどの匂いでもリラックスできます。認知症の予防や進行抑制に効果があると言われているラベンダーやオレンジ・スウィートの香りも、前頭葉のリラックスに有効です。

良い味と香りで前頭葉をリラックスさせましょう。

匂いの刺激は、「何の匂いか?」を認識する前に、好き・嫌い、快・不快、さらには匂いに関連した記憶が呼び起こされます。なぜかというと、匂いの刺激は、本能と情動を司る大脳辺縁系にダイレクトに伝達されるからです。

絶世の美女と言われたクレオパトラは、時の権力者シーザー、アントニウスなどを誘惑したことで有名ですが、この陰にはクレオパトラのバラの香りの影響が強かったという説もあります。これが本当ならば、時の権力者達も香りでくすぐられた本能に影響されたということでしょう。

(2) 聴覚

側頭葉には聴覚の中枢があります。聴覚情報は、感情に大きな影響を与えます。たとえば、あこがれのアイドルの声を聞けば興奮して気持ちが高まりますが、雑音、騒音はストレスにつながります。

聴覚の中でも特に音楽は感情に影響を与えやすく、音楽を使用したメンタルのコントロールはとても重要です。一般的には、静かなスローテンポの曲では気持ちが落ち着きやすく、アップテンポの曲では気持ちが高まりやすいです。それでは、次のテーマの曲を考えてみてください(表八一頁)。

♪リラックスできる曲

♪興奮する曲

♪好きな曲

♪やる気が出る曲

♪眠くなる曲

それぞれの曲調やテンポはいかがでしょうか？

音楽を聴いていると、音楽のリズムに自然と呼吸が連動してきます。リラックスしたい時は、スローテンポで静かな自分自身が落ち着ける曲を選択しましょう。

また、介護をしている家族とドライブした時に聴いた曲、自分が頑張っていた時に聴いた曲、楽しく過ごしていた時に聴いた曲、大好きだったドラマの主題歌など、自分にとって気分が良くなる曲を流すことで、介護で疲れた、または嫌になった気持ちを切り替えられます。

眠気を誘うためにも音楽は有効です。睡眠薬が登場するはるか以前の一七〇〇年代、不眠症に悩んでいたカイザーリンク伯爵のために、バッハが「ゴルトベルク変奏曲」を作曲し、伯爵が大いに満足したという逸話があるほどです。

音楽を聴いて、側頭葉をリラックスさせましょう。

(3) 触覚

頭頂葉には触覚などの感覚の中枢があります。何かを触って、気持ち良いと感じたことはありませんか？　ぬいぐるみ、毛布、赤ちゃんの手……気持ちの良い感触のものを触ることで、癒される方も少なくないでしょう。また暑い時に冷たいものを触ったり、寒い日に暖かいものを触ったりしても心地良いと感じます。

寝る時の布団やシーツ、衣服の感触も大切です。布団が汗まみれの状態だと、なかなかリラックスできません。心地良い睡眠環境、衣服を整えることで差が出ます。

またストレッチをして気持ち良いと感じた時は、筋肉の感覚からの刺激で頭頂葉がリラックスしています。介護をしていると運動する時間の確保が難しい場合もありますが、適度な運動は健康維持のためになります。運動不足解消と頭頂葉のリラックスを兼ねて、ストレッチをしてみましょう。

それから**セルフ・マッサージ**という自分の顔や手足を自分でマッサージして、気持ちを安定させるメンタルトレーニングの方法があります。深呼吸に合わせて、目の周り、頬、耳、首、両肩、両腕、両手のひら、お腹、背中、おしり、両足と、皮膚に心地良い刺激を与えるようにゆっくりとマッサージをします。全身からの快適な刺激により、頭頂葉がリラックスします。

その他、入浴や洗顔でも心地良いと感じることで頭頂葉がリラックスします。ただ手を洗うというちょっとしたことでも、何にも感じずに漠然と洗うのではなく、冷たい水が手を伝う感覚を気持ち良いと意識して行うことがポイントです。

心地良いものに触れて、気持ち良いと感じることで頭頂葉をリラックスさせましょう。

⑷ 視覚

視覚によって後頭葉をリラックスさせます。

視覚から得られる情報量は膨大で、脳の中でも視覚を司る部分は多いです。たとえば、部屋が明るいか暗いか、ものが赤いか青いかだけでも、気分が変わります。それでは、次のテーマの絵や写真を考えてみてください（表八五頁）。

リラックスしたい時は、リラックスできる、または眠くなる絵や写真を見ると良いでしょう。

家族の写真、想い出の地の写真、気持ち良く寝ている人や動物の写真など、頭をあまり働かせずに見ることで気持ちが和むような写真もリラックスできます。漠然と眺めるのではなく、

「わー、きれい」

「なんてかわいらしい」

リラックスできる絵・写真

興奮する絵・写真

好きな絵・写真

やる気が出る絵・写真

眠くなる絵・写真

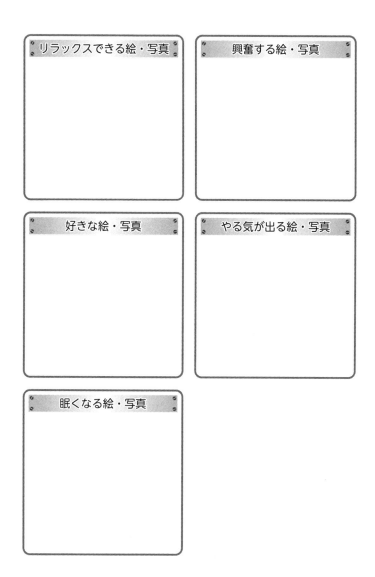

などセルフトークを交えて、意識して心地良いと感じるようにすると効果が上がります。

きれいな絵や写真を見て、視覚により気持ちを和ませ、後頭葉をリラックスさせましょう。

会話を楽しみながら、モーツァルトの曲を聴き、雪の積もる富士山の写真を見て、お茶の香りを感じ、焼きおにぎりを美味しく味わう……といったように五感を活用してリラックスすると、脳の疲労が回復しやすくなります。風の音を聴きながら、愛用している熊のぬいぐるみにラベンダーのアロマオイルをたらして一緒に布団に入ると眠気を誘いやすくなります。一度に五感全部を刺激する必要はありません。視覚のみ、聴覚のみでもリラックスでき、脳の疲労から回復できます。

自分がリラックスできる方法を、どんどん取り入れましょう。

5 余裕が持てる自分達の介護
――やる気を高めるトレーニング

① はじめの一歩は現実認識

やる気を高めるためには、目標が明確かどうか、モチベーションが保てるかどうかが大切になります。そのためには、介護に対する現実を知ること、そして将来をどのように考えていくかが鍵となってきます。

旅行の計画を立てる時に、出発地点がどこであるかという現実認識が大事です。出発地点が定まっていない、もしくは出発地点を誤って認識していると、その後の計画が立てにくくなり、目的地点にスムースに到達しにくくなります。**介護においても現実認識が重要**

であり、ここから介護が始まるといっても過言ではないと考えています。

大切な家族が病気になると、当然、落ち込みます。ただ、落ち込んでばかりいては先に進めませんし、漠然とした不安を抱え、やみくもに行動したとしても状況は改善しません。まずは現実を認識することが大切です。そうすることで問題点が浮き彫りになり、着手するべき課題が見えてきます。

介護にあたって、次の五項目を考えてみましょう。

(1) 家族の病気は、何であるのか、どんな状態か
(2) どのような介護が必要になってくるか
(3) 受けられるサービス
(4) 介護にかかわる費用
(5) 介護する自分達の人員と能力

それぞれの項目について詳しく見ていきましょう。

(1) 家族の病気は、何であるのか、どんな状態か

認知症には、アルツハイマーをはじめさまざまなタイプがあり、さらに軽症か重症かで介護の仕方が変わってきます。脳卒中では、重い後遺症が残ることも決して稀《まれ》ではありません。そのような宣告を聞くのは、とてもつらいものがあるでしょう。現実を受け入れ客観的に把握するには時間がかかるでしょうが、これから介護をするにあたって必要なことになります。

介護を受ける人の病名、状態が重症か軽症か、治療法および治療の効果とリスク、今後の見通しなどは最低限医師に確認してください。

家族の状態を、次のメモに書き入れてください（表九一頁）。

また急変時や不測の事態にどういった対応をするのか、かかりつけの救急病院の確保など、あらかじめリストアップしておきましょう（表九二頁）。

(2) どのような介護が必要になってくるか

症状の重さによって、介護方法が決まってきます。まずは、どのような介護が必要になってくるのかをしっかりと確認しましょう。とはいえ、介護を専門にしていない限り、ど

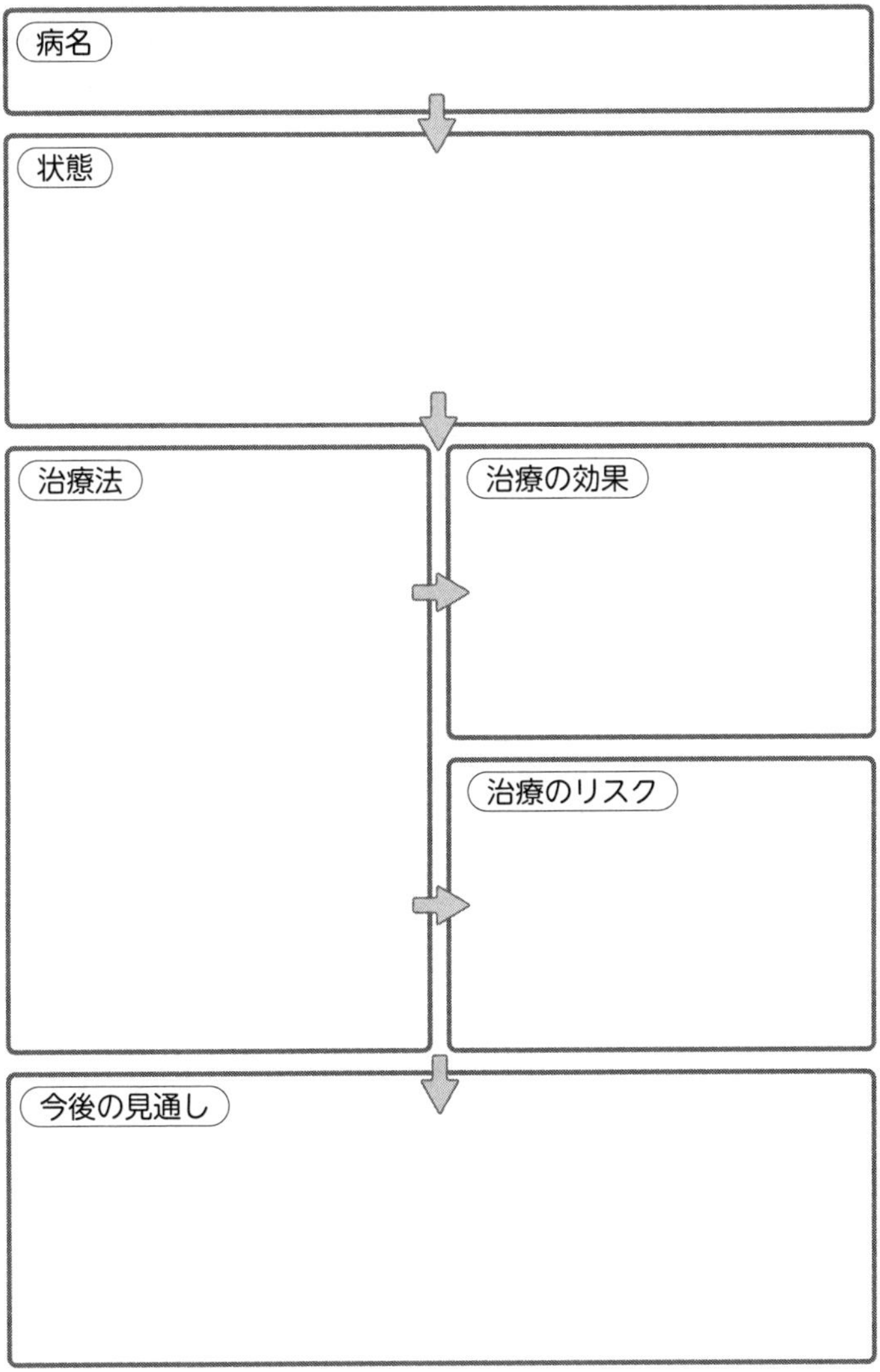
病名
状態
治療法
治療の効果
治療のリスク
今後の見通し

病院リスト			
病院名	住所／電話番号	担当科／担当医	備　考

のように介護を進めていけばいいのかわからずに戸惑うこともあるかと思います。そのため、役所の包括支援係やケアマネージャーに、今後どのような介護が必要になるのか相談します。相談内容としては、

食事の介助はどうしたらよいか？
衣服の着脱は？
トイレは？
入浴は？
移動は？

などが基本となる場合が多いです。

次に、必要となる介護は自分達でできるのか、できないのかを振り分けていきます

必要な介護		自分達で できる➡○ できない➡×	必要なもの、こと
《例》			
1	食事の介助	○	介護食について調べる
2	衣類の着脱	○	
3	トイレ	○	手すりをつける
4	入浴	×	訪問入浴を検討
5	移動	×	車椅子の無料貸出
6	就寝中の見守り	○	寝室を変える

（上記表参照）。介護を専門にしている方々の手技を見ていると簡単そうに映りがちですが、実際にやってみると大変難しいものです。自己流でなく介護テクニックを知ることも今後のために役立つでしょう。

また介護に必要なもの、必要なことの把握も大切です。症状の重さによっては、車椅子や介護用ベッドなどが必要になってくる場合があります。それから、介護を受ける人が自立した生活ができるように、バリアフリーを中心に、家の改装が必要となる場合もあります。これらの点も、ケアマネージャーと確認しておきましょう。

また、自分達が、どのような介護をしていくのかも大切な問題です。決して優秀な介護をする必要はなく、いかに愛情を込めて介護を受ける家族に居心地良く感じてもらうかが重要となるでしょう。
要介護状態の方の受け入れで有名な**高齢者総合福祉サービスセンター森の里**の方は、こう述べています。

「一〇〇点満点の介護はあり得ないので、完璧を求めず、ただし手を抜かずに、現実から逃げずに目の前の介護に対応して、同時に遊び心を持つことが大切です」

他人やプロと比較しても仕方ありません。完璧な介護よりも、自分達でできることを意識し、時には「気楽に」を心掛けると肩の力を抜くことができます。

実際の介護では、日によって体調の波があったりして、計画通りにいかない場合も多いのですが、ルールに左右されずに、余裕が持てる自分達の介護を考えていきましょう。

(3) 受けられるサービス

介護保険をはじめ、我が国には介護をサポートする仕組みがあります。九三頁の表で挙げた「自分達でできないこと」に対して、それを補ってくれるサービスがあるか、介護や介護保険を熟知しているケアマネージャーなどに指導をしてもらいましょう(表九五頁)。

介護保険はわからないことだらけのように映りがちですが、多くの方が利用しており、特別な保険ではなくなってきています。

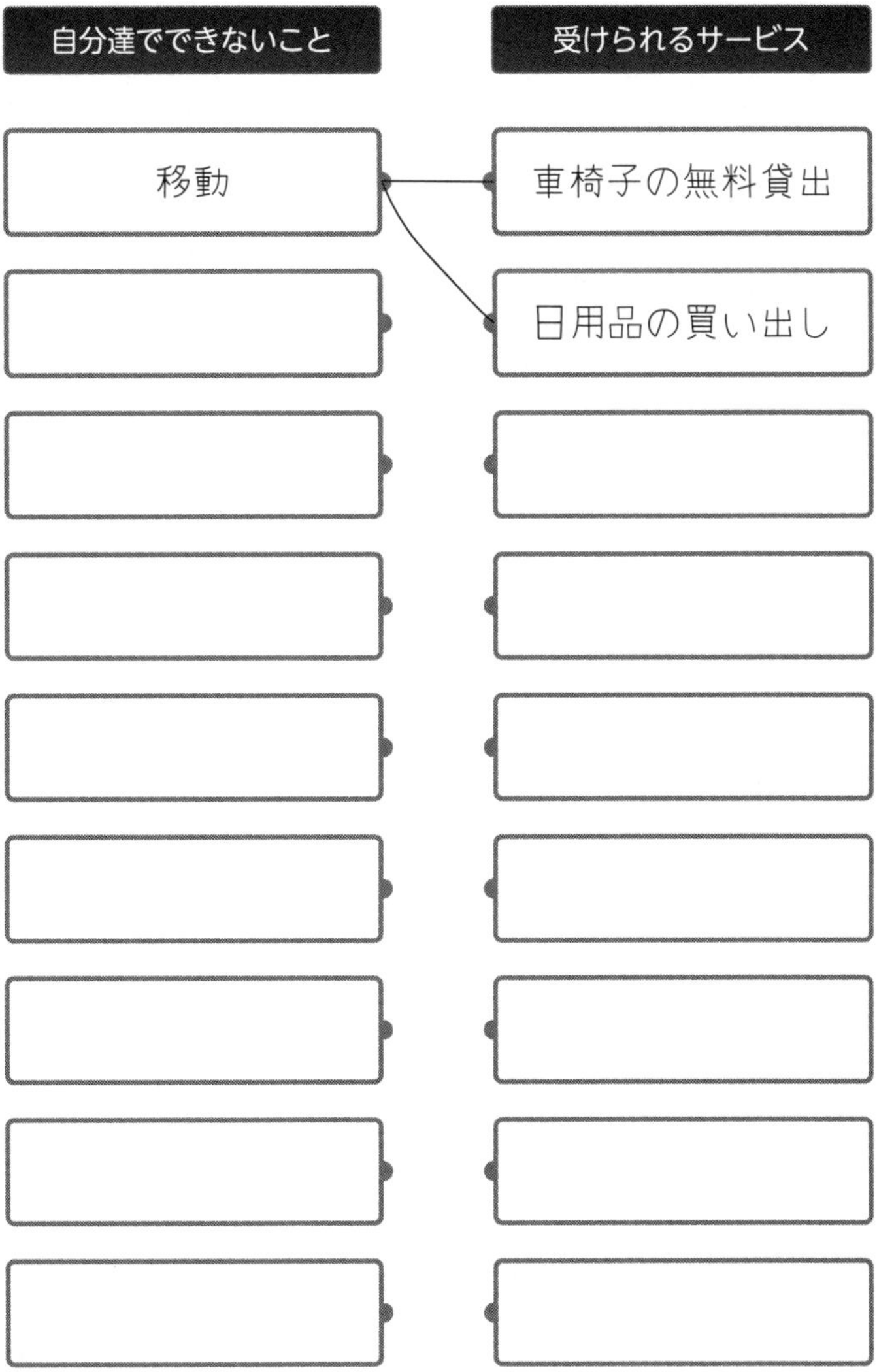
自分達でできないこと
受けられるサービス
移動
車椅子の無料貸出
日用品の買い出し

また介護には、法律や制度に基づいて自治体や専門機関などから提供される公的な支援だけではなく、家族や友人、地域住民、ボランティアなどによる非公式な支援、インフォーマルサービスもあります。インフォーマルサービスには、車椅子の無料貸出、ゴミ出し、日用品の買い出しなどさまざまな種類があって、地域によってサービス内容や質が異なります。介護を受ける人が住んでいる地域の「インフォーマルサービス」で検索する、または社会福祉協議会、ボランティアセンター、地域包括センターなどに問い合わせて、受けられるサービスをしっかり調べましょう。

(4) 介護にかかわる費用

介護にかかわる費用の把握も大切です（表九七頁）。介護では、医療費、生活費、おむつなどの介護用品費などが発生します。また介護サービス利用費、福祉用具などの貸付、購入、介護に伴う住宅改修にも費用が必要になる場合があります。遠距離介護の場合は、遠方からの帰省に対する交通費もバカになりません。

所得によって一定額を超える介護サービス費用が支援されますが、無理のない計画が肝心です。

(5) 介護する自分達の人員と能力

介護は決して一人でできるような簡単なものではありません。ケアマネージャーや医師を含めてチームを作り、メンバーと連携しましょう。

アジア人初の元室内プロアメリカンフットボーラーの元野勝広さん（現在は株式会社アスリートアンドウェブ代表取締役）は、立命館大学時代、アメリカンフットボール部で副キャプテンを務めた経験から、チームワークを高めるために大切なことを次のように述べ

支出項目	金　額
合　計	

ています。

「チームのために、各自が自分を鍛え上げ、個々の能力が向上すると、他のチームメートに教えてあげられることが増え、チームワークが高まると同時に、チームとして強くなります。逆に、各自の努力が不十分であると、言い訳や、人のせいにすることが増えて、チームワークが保てなくなります。つまりチームのために、個人ができることをきっちりとこなしていくことがチームワークの維持に大切であり、逆に、非協力的なメンバーがいるとチームワークが上手く機能しません」

介護において、主たる介護者と他の家族やスタッフなど個々人が、それぞれの役割を果たして、さらにチームとして機能して、チームワークを高めていけると、より良い介護につなげていけるでしょう。

これらの点を踏まえて介護を始める前に、介護できる人員は何人いるのか、主となる介護者は誰になるのか、それぞれがどの程度介護に携われるのかをしっかりと確認しましょう。これまでに挙げた必要な介護、必要なものやこと、費用など踏まえて、誰がどの部分を受け持つのか割り振っていきます。**頑張ればできるだろう、ではなくて確実にできることに集中するのです。**最初から、自分の担当を増やすのはおすすめしません。なぜなら、

主たる介護者に○を付ける

介護メンバー	名前	介護に携われる程度	担当・役割
○1	山田花子	毎日	・食事の介助 ・衣類の着脱 ・トイレ
2	山田太郎	夜と週末	・就寝中の見守り　・移動 ・介護サービスのリストアップ
3	山田次郎	月1～3	・家の改装の費用負担 ・月1回泊りがけで介護全般を担当
4	ケアマネージャー	月1	・介護計画の相談
5	○○事業所	週1	・訪問入浴サービス
6	NPO	週2	・家事支援

時間が経つほどに介護がきつくなるだけではなく、途中からそれらを減らすと、仕事を放り投げる、無責任であるなどの悪い印象を与えかねません。ですので、できないであろうことは、無理することなく、極力、介護サービスを利用するなどして補う方法を考えましょう。

　食事や排泄の介護は他の人には任せられない、介護を受ける側にとっても、あの子でないとだめというような考えの方がいます。しかし、親による子への強い支配関係は共依存という、互いが過剰に依存し合う、好ましくない状態になり得ます。

　共依存が長期化すると、介護する側とされる側が、閉じこもり状態に陥りがちになります。閉鎖的になるだけでなく、過大なストレスから暴力、さらには心中にまで発展する場合がありますので、何としてでも避けたいです。自己犠牲心が強く、プライドが低い性格の方が共依存に陥りやすいと言われています。相手を思うがゆえであっても、自己犠牲を伴う献身的な介護は、共依存につながります。愛情と介護は異なることを理解し、いたずらに感情に流されないようにして、無理のない介護を心掛けましょう。人に頼るのも立派な能力です。

自己犠牲は、決して美徳でありません。密着しすぎも良くありません。

以上の現実認識は、これから介護を進めていく上で極めて重要となります。

現実を認識せずに、または不適切な認識で介護を考えると、結果として遠回りしてしまう場合があります。ですので、適切に現実を認識することが、より的確な介護方法の選択、目標設定へとつながります。

八〇代男性のTさんは転倒により頭を打ち、急性硬膜《こうまく》下《か》血腫《けつしゅ》という脳と頭蓋骨の間に出血するケガを負い、意識障害と右半身のマヒが現れて緊急入院、緊急手術を受けました。手術は無事に終了しましたが、認知症状と右半身のマヒが残り、介護なしではまったく動けない状態となりました。

「夫の介護なんて、絶対にできない」

これは主たる介護者となる奥さん（七〇代後半）の当時の率直な考えでした。

そこでまずは、今後どうすべきかを主治医に相談し、介護保険を利用した介護を考えていくべきとの助言を得ました。

介護については、まったくわからないことばかりでしたが、入院中に介護保険を申請しました。またケアマネージャーに相談すると、デイケア、訪問看護、車椅子や電動ベッドのレンタルなど、思っていた以上のサービスが受けられることがわかりました。

Tさんは認知症、歩行障害が続いていましたが、これらのサービスが受けられるなら、今の自分でも無理なく介護できると奥さんは思い、入院してから一ヶ月後にTさんは退院しました。現在も、これらのサービスを受けて、奥さん自身の趣味である音楽活動をしつつ、無理なく介護をされています。

このように、いきなり家族の介護が必要な状況になった場合、パニックに襲われることも少なくないと思います。それでも、できることとできないことを明確にして、できない部分をどのように対応していくかを考えると、介護に入りやすくなります。

障害が大きいほど大変ですが、受けられるサービスが多くなります。現実の問題点に一つ一つ対応していき、少しでも負担を減じていくように考えていきましょう。

②目標設定で未来を描く

現実認識ができたら、目標を設定していきましょう。目標設定とは、何をどうしたら理想的な未来、夢のような未来を迎えられるのか、またそのために具体的なプランを「考えてみる」ことで、自分のやるべきこと、やりたいことを見つけ出して、やる気につなげていく、スポーツ心理学の基本トレーニングの一つです。

元関脇若の里忍、現西岩忍親方は、現役時代に両膝をはじめ合計で九回もの手術を受けるケガを経験してきました。西岩親方は当時、「土俵で、一つでも多く白星を取る」というとても明確な目標と目的意識を持っていました。度重なるケガや手術により、何度も休場せざるを得ない状態は、一般的に考えれば非常にしんどいことです。しかし西岩親方は目標が明確なため、ケガが「痛い」「つらい」と落ち込むのではなく、「この間に上半身を鍛えよう」というように、前向きに捉《とら》えることができたそうです。このような前向き思考を心掛ける上でも、目標が明確であったことが、大きな支えとなったと話しています。

スポーツにおいては、明確な目標があると夢や希望につながるエネルギーになり、前向き思考につながりやすくなります。介護においても、あてはまる部分が多いでしょう。**目標設定をすることで未来を考え、介護をより良くしていくイメージが形成されると、前向きな思考に変わります。**目標が明確であると、やるべきこと、やりたいことがはっきりするので、介護の能率が向上します。一方で、目標が明確でなければ、ただ目の前の介護をこなして、行き当たりばったりの漠然とした時間を過ごしかねません。目標は大きいほど効果があると言われていますが、まずは、簡単な低い目標から設定していくことが大切です。一ヶ月後や三ヶ月後、数ヶ月後、数年後の自分の目標設定を考えてみてください。

●目標設定用紙に記入する

スポーツ心理学では、表（一〇五頁）を使用して目標設定をします。結果目標には、自分もしくは介護を受ける人が将来やりたいことを書きます。プロセス目標には結果目標を達成するためにやるべきこと、物事の進め方や考え方を書き入れます。

夢のような目標に向けて、小さなことでも、やるべきことを単純に明確に、そして具体的に書き出してみましょう。

何を書けばいいのか戸惑ってしまう方に、他の方が作成した目標設定をご紹介しましょう。

脳出血で倒れた八〇代男性Sさんを、主に介護する同年代の奥さんは、介護を始めるにあたって、以下のような目標を設定しました（表一〇七頁）。

Sさんは、元々は税理士として活躍されていましたが、現在は認知症と歩行障害、尿失禁などが続いています。

目標のために、今何をすべきか、日々のプランを考えることは重要です。

奥さんには、最低限の目標に「二人で国内旅行」を掲げてもらいました。最低限の目標達成のためには、歩くことが大切となります。数ヶ月かけて歩行距離を伸ばしていくためにはリハビリテーションが大切で、そのプロセスとしてデイケアを利用していくという考えです。このように文字にすると、当面の方向性が見出しやすくなります。それぞれの目標に空欄があってもかまいません。

また介護を受ける家族の目標が確認できると、介護する側にとって、やりたいことが確認しやすくなり、介護の方向性が定まりやすくなります。一〇七頁の下の表は介護を受けるSさん自身が作成した目標設定です。

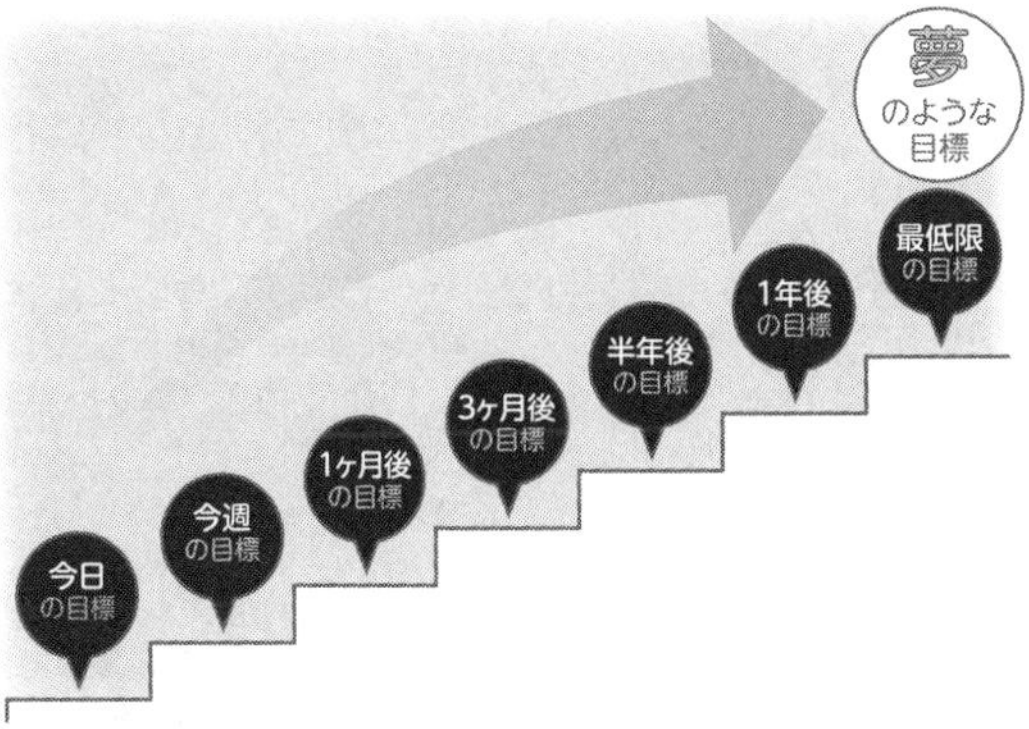

	結果目標	プロセス目標
夢のような目標		
最低限の目標		
1年後の目標		
半年後の目標		
3ヶ月後の目標		
1ヶ月後の目標		
今週の目標		
今日の目標		

今回、介護する奥さんと介護を受けるSさんは、同じような目標を設定しました。方向性が「一緒に、どこかへ行く」と一致しているので、どのように目標を達成していくのか、プロセスにおいて多少考え方の相違があったとしても、行動を共にしやすいです。また方向性が一致していれば、介護を受ける人の希望にそって介護ができやすくなります。

一方で、もし介護する自分と、介護を受ける人の目標が一致していない場合は、目標設定の変更を考慮すべきかもしれません。介護を受ける人にとって、やりたくないことを強いられるのは、過剰なストレスにつながる場合があるからです。

ちなみにSさんは、この目標を設定した三ヶ月後には、一キロ以上の散歩が可能となり、半年後には一人で歩いて通院できるようになりました。奥さんとの旅行はまだ達成できていませんが、目標に向け、日々、励まれています。

介護は百人百様であり、目標を設定していくことは難しいとは思いますが、目標があると、方針が見出せて時間を有効に使いやすくなります。しかし、介護には予定通りにいかないことが必ずあります。また症状が悪化した場合など、経過によって目標を臨機応変に修正する必要が生じてきます。問題点は目標設定用紙に赤鉛筆で加筆しても良いでしょう。また、この目標設定用紙の作成を、定期的に（たとえば毎月一回）繰り返し行うと、その都度、過去の問題点を踏まえて、いかに将来に活かしていくかを考えることになり、やる

Sさんを介護する奥さんの目標（介護開始時）

	結果目標	プロセス目標
夢のような目標	２人で小さな山を歩く	
最低限の目標	２人で小さな山を歩く国内旅行	
1年後の目標	１人で出かける	
半年後の目標	１人で近くの病院に行く	
3ヶ月後の目標	散歩の距離を延ばす	
1ヶ月後の目標	リハビリを続ける	デイケアの利用
今週の目標	リハビリと入浴	デイケアの利用
今日の目標	近所を散歩	

介護を受けるSさんの目標（介護開始時）

	結果目標	プロセス目標
夢のような目標	妻と旅行に行く	
最低限の目標	温泉旅行	
1年後の目標	単独で歩行	
半年後の目標		
3ヶ月後の目標	１キロ歩く	
1ヶ月後の目標		
今週の目標	近所の散歩	デイケア
今日の目標	近所の散歩	

気を高めるトレーニングにつながります。

一〇九頁の表は介護開始から半年後に、Sさんの奥さんが作成した目標設定です。

介護開始時期より、結果目標、およびプロセス目標が、少し具体化してきました。「最低限の目標」は、現状ではまだ身の回りのことはできていないSさんに対して、奥さんが現実的に解決してもらいたい点かと思います。このように、目標設定用紙の作成を定期的に行っていくことで、その時点での目標やプロセスが具体化して、将来の介護方針が明確になり、やる気につながっていきます。

「言葉の通じない認知症の父だが、笑顔を心掛けよう」「おしゃべりが好きな母、内容は妄想であってもなるべく聴く姿勢を示そう」といったことを目標にしても良いと思います。また介護を主の目標とせずに、「人間形成の場にしよう」「勉強しよう」とか、中年になって運動不足気味だったので、「自分の運動を兼ねよう」などの目標設定もありです。目標が浮かばない場合には、問題点を目標設定用紙に記入することで、将来の気付きにつながります。

大まかにでも目標設定をしてみましょう。

Sさんを介護する奥さんの目標（介護から半年後）

	結果目標	プロセス目標
夢のような目標	外国旅行	
最低限の目標	身の回りのことができる	
1年後の目標	国内旅行	
半年後の目標	近くの病院まで往復できる	
3ヶ月後の目標	きれいに歩ける	
1ヶ月後の目標	筋力をつける	デイケア週2回
今週の目標	散歩・病院でリハビリ	リハビリ
今日の目標	散歩をする	1日2度の散歩

③ モチベーションの上げ方

(1) モチベーションと目標の関係

一般に「仕事に対するモチベーションが高い」とか「今日は嫌なことがあってモチベーションが下がった」といった使い方をするモチベーションという言葉。辞書では「物事を行うにあたっての、意欲・やる気」とあります。

モチベーションの要因として大切なのは、方向性と目的に向かうエネルギーの強さと言われています。目標が明確で、それに対するエネルギーが強いと、モチベーションが強固になり、困難な状況でも行動を起こすことができます。

平成二八年時点で、日本人女性唯一のプロラケットボールプレーヤーの佐藤摩以子《さとうまいこ》選手。世界のプレーヤーと戦うためには、モチベーションの維持が不可欠で、モチベーションが保てないと練習のコートに入ることすらできなくなると言います。
日本チャンピオンになった後、「これくらい頑張ったからいいや」と考えると、たちまちモチベーションが崩れていき、戦う意欲が薄れて、まったく練習に身が入らなくなったそうです。
そのような時には、アジアや世界で活躍しているトッププレーヤーのビデオを見ることで、目標が世界で頑張るというように上方修正されて、自分の気持ちの中から、「より高いレベルで戦いたい」という思いがメラメラと湧き上がり、モチベーションを保つことができたそうです。そして厳しい練習もやりがいをもってこなすことができ、実力向上につながっています。

介護においても、モチベーションを保つことは大切です。

三〇代の男性。父（六〇代）がアルコール中毒であることが判明しました。

生真面目で実直な父親が、アルコールが入ると口汚く人を罵《ののし》り、母を傷つけるなど、まったく別人になりました。父に触れるどころか考える気にすらならず、嫌悪の感情を持って父を見放していた時期がしばらく続きました。アルコール中毒専門の病院を数ヶ所受診したものの、満足な対応が得られないといったことも理由の一つでもありましたが、男性はモチベーションの「モ」の字も保てない状態でした。

しかしある時、父を変えてしまったのは、父という人間に問題があるのではなく、「アルコール中毒」という病気が原因なのだという考えが頭をよぎりました。今まで父を憎んでいたけれども、「病気を憎んで、父を憎まず」と考えを一新することができました。そして「父の病気を何とかしよう」という目標が心の中から芽生えて、病気に対応していこうという介護のモチベーションを保つことができるようになったそうです。これを機にアルコール中毒の家族会、断酒会といった自助グループに通うなどして、父の介護を再開しました。またアルコール中毒啓発運動など新たな目標を掲げることでモチベーションが維持できて、数年にわたる父の介護を続けられました。

介護が大変であればあるほど、高いモチベーションが必要になります。さらに、この三〇代の男性のようにモチベーションが維持できなければ、介護どころか何も手につかなくなります。いかに目標を意識してモチベーションを維持するかが重要になります。

(2) モチベーションを高める要因と低下させる要因

目標が明確であることがモチベーションアップにつながるとお伝えしてきましたが、その中で目標が自分の能力に対して適切なものであるかどうかの判断は大切です。自分の能力の範囲であり、すぐに達成できるような簡単な目標よりも、達成が難しい挑戦的な目標の方が、一般にはモチベーションは高まりやすいです。

さらに目標には、自分自身で定めたものと、「非自己決定」という周りに「やれ」と言われて仕方がなく、もしくは何となく決めたものがあります。「非自己決定」した目標で介護するのでは、モチベーションが上がらないことが多いでしょう。自分で目標を決めるには、さまざまな情報を学び、悩み、時には大きなストレスを伴う場合があります。しかし、**自分で決めた目標は、責任が伴いやすく、強いモチベーションにつながります。**

また、介護をチームで行う場合、チームに対して一体感を持ち、愛着が感じられると、帰属意識という集団の一員である意識が強くなり、モチベーションが高まります。

「純パの会」というプロ野球パシフィック・リーグを愛する同志が集う会があります。その名誉会長で平成一八年に野球殿堂特別表彰された元西鉄ライオンズ選手、野球解説者の故豊田泰光さんが、チーム内で野手のバックアップが習慣化すると、チーム愛が育つと語っていました。プロ野球の試合では、ほとんどあり得ない悪送球やエラーに備えてのバックアップは、結果としては無駄足の連続ですが、チーム愛が育つと、自分がそこまでして備える価値が仲間達の間にあると思えてくるそうです。

社会でも介護でも、一見、無駄に映る行為だとしても人のため、社会のためと思って習慣付けていくことで、家族や組織への愛情に変わり、帰属意識が高まってくるのだと思います。

そうは言ってもモチベーションが上がらない方、夢など描ける状況ではないという方、自分はなんてだめなんだと落ち込まないでください。誰でも人間である以上、弱い部分を持ち、劣等感を経験してない方は、ほとんどいないのではないでしょうか?

そういう時には、劣等感をプラスに変えていくことも大切です。劣等感が強いと、悔しい気持ちや焦りが強くなって、自信が持てなくなります。ただし、自分で感じている劣等感は、実は他人の目から見たら大したことではない場合も多いのです。劣等感をそのまま受け入れる、もしくは劣等感で落ち込むのでなく、

「私のお風呂の入れ方が下手だと言われたけど、うまくなって絶対に見返すぞ」

というように、それ自体を内発的モチベーション（二〇二頁参照）に変えていくと、非常に強い原動力になることでしょう。

「劣等感をバネに」です。

●フォーカルポイント

目標に向けて邁進《まいしん》するも、もうだめだと思った時、気持ちが折れそうになった時、ここぞという時に使える**フォーカルポイント**という重要トレーニングをご紹介します。フォーカルポイントとは、視覚の情報で気持ちを切り替えるメンタルトレーニングです。目を使って、モチベーションを低下させるような不安や焦りなどのマイナス思考、そして邪念を払います。

まず、自分の気持ちが高まるような絵や写真を介護の現場や自分の部屋の壁など目につきやすい所に貼ります。「⑥五感を利用してリラックス⑷視覚」（八四頁）で考えた「興奮する絵・写真」「好きな絵・写真」「やる気が出る絵・写真」などが適しています。

アティチュードトレーニングを取り入れ、胸を張って、上向き姿勢で視界に入れた方がより効果的です。好きな人や家族の写真、尊敬する人の写真などを持ち歩き、いつでも、どこでも見られるようにしておくことも一つのテクニックです。自分が立てた目標を紙に書いて掲げたり、座右の銘を自分の手に書いて、いつでも見られるようにしたり、写真に文字を書き入れたりしても良いでしょう。家族旅行の写真に、気持ちが前向きになる、幸せを感じる言葉を書いて眺めるのもおすすめです。

絵と文字を組み合わせた絵手紙もいいですね。効果として、葉書一枚で小さな笑いが起こります。元気になるきっかけになることもあります。絵と文字で気持ちをコントロールすることで、フォーカルポイントとしての活用が可能となります。

絵手紙教室で指導にあたられている、外村節子さんの作品を紹介します。

蝶の絵を描いた葉書に添えた言葉は、

「**ちょー**　しあわせだね」

絵手紙をもらった方からは、

「なんて可愛い。一瞬で別世界に入る感じです」

「落ち込んでいる時に見ると、元気がもらえます」

などの感想が届いているようです。

介護で落ち込んだ状態の時、フォーカルポイントによって気持ちが切り替えられると、次につなげられます。

④ 介護計画

目標を立てたら、次は介護計画です。ケアマネージャーが作成するケアプランは、大いに参考にすべきです。ケアプランをより具体化して、設定した目標をもとに介護計画を立てていくと、介護の方向性が見えてきます。その際に、「①はじめの一歩は現実認識」（八七頁）で述べた、五つの項目をもとにして、誰が、いつ、どのように、どこで、何を、なぜしていくのかを考えていくと介護計画を立てやすいかと思います。

介護計画を立てるにあたって重要なことは、**いかに自分の時間を確保して、介護と同時に、どのような生活を送るか**を、しっかり考えていくことです。介護を受ける人の意思を尊重しつつ、介護する側の自分が主役となるように主体性をもって介護計画を考えていきます。介護サービスの利用を含めて、仕事や家庭、プライベートなど、自分の時間の確保をしっかりと考慮して、自分がどうやって生活していくかを含めて介護計画を立てましょう。一日の計画、週間計画、月間計画といった単位で、それぞれ、誰が関与していくのか、大まかな計画を立てていきましょう。また将来、介護が一段落した後、または介護が終了した後のプランを持つことも大切になってきます。

介護メンバーの月間スケジュールの例

日付	曜日	山田花子	山田太郎	山田次郎	事業所	その他	備　考
1	月	介護当番					病院
2	火			介護当番		デイケア	
3	水	介護当番			訪問入浴		来客
4	木	介護当番					手伝いあり
5	金	介護当番				デイケア	
6	土		介護当番				
7	日			介護当番			
8	月	介護当番					
9							

自分の月間スケジュールの例

日付	曜日	自分の時間	介　護	仕　事	家　庭	その他
1	月		病院付添			
2	火		デイケア	パート		
3	水		訪問入浴		主人出張	来客
4	木			パート	主人出張	Sさん手伝い
5	金	午後フリー	デイケア			
6	土	午前合唱				
7	日	運動会観戦			長男運動会	
8	月					
9						

6 技術を高め、不測の事態に備える
――イメージトレーニング

① 想像力の効果

ロンドン・オリンピックとリオデジャネイロ・オリンピックで、体操男子個人総合金メダルを獲得した内村航平選手。素晴らしい能力の一つに、イメージだけでトレーニングができてしまうという特異性が挙げられています。一四歳の頃に、コバチという難易度の高い演技をする選手の録画を見て、それまでコバチをやったことがなかったにもかかわらず、できそうだなと感じたそうです。そして何度もビデオを見て、そのイメージを持ったまま鉄棒に向かったら、すぐにできたという、恐るべき想像力を持ちます（二〇一二年七月放送　NHKスペシャル『ミラクルボディー』より）。子どもの頃、人形を使ってやりたい技と同じように人形を動かすといったイメージトレーニングをしていたそうですが、こうしたイメージトレーニングの積み重ねが、驚異の想像力につながったのでしょう。

スポーツの世界では、頭の中で思い浮かべたプレーを映像化したイメージトレーニングが活用されています。最高のプレーをイメージしながら体を動かし、筋肉、神経、全身へとそのイメージを染み込ませていきます。これを毎日繰り返すことで、最終的にイメージ通りのプレーに結びつけていきます。このトレーニングが進むと、身体練習に近い効果が得られることが科学的に証明されています。

介護においても、技術を高め、不測の事態に備えるために、イメージトレーニングは役立ちます。同じだけ介護をした場合、イメージトレーニングをしていた方が、介護テクニックの上達が早くなります。

動作をイメージするだけでも、脳の前頭葉にある**補足運動野**という場所では、実際にその動作を行っている時と同じような活性が生じます。それにより身体の隅々まで神経活動が伝わり、動作がシミュレーションされるので、さまざまな場面で活用できるようになります。

イメージは、トレーニングすることで、イメージ能力が高まり、技術向上につながります。

手足が不自由な家族の介助がなかなか上手くできず、相手を転倒させてしまうといった場合も、イメージトレーニングを取り入れることで、自分ができる介護の範囲が広がる可能性が高まります。たとえば入浴の介助に対して、自信がないとしても、イメージトレーニングを繰り返すことで、徐々に克服できるようになります。

最新の医学研究では、手のマヒに対するリハビリテーションにもイメージトレーニングが応用されています。慶應義塾大学医学部リハビリテーション医学教室、里宇《りう》明元《めいげん》教授らの医工連携チームの研究によるブレイン・マシン・インターフェース Brain Machine Interface：ＢＭＩ療法です。この方法では、手を動かすイメージができないと手は動きません。しかし、イメージが成功すると、電動装具により手が動かされる感覚が脳にフィードバックされます。これを繰り返すことにより手の運動に対するイメージ能力が強化され、徐々にイメージに伴う手の動きがスムースになってくると言います。

※慶應大学医学部でのＢＭＩ療法は対象が決まっており、最終的な治療実施可否判断は、担当

医師が総合的に判断しますのでご注意ください。詳しくはhttps://keio-rehab.jp/bmi_therapy/を参照ください。

●イメージトレーニングの実践

イメージトレーニングは満員電車の中でも、ちょっとした空き時間でも、いつでも、どこでも、自分の好きな時、好きな場所でできるのが良い点です。自分の都合でできるトレーニングって、あまりないですよね。

手足の不自由な家族が転ばないようトイレに連れていくなど自分の立てた目標に対して、ポジティブにイメージすることが大切なトレーニングです。

介護の場合のイメージトレーニングについて一例を挙げます。今日やろうとしている介護をイメージします。やることがイメージできていると、介護への入りがスムースになります。

まず、歩行障害のおじいちゃんをベッドから車椅子まで移動させる状況をイメージします。

その際、次のような細かい部分までをゆっくりとイメージしていきます。

部屋の明るさ、室温
おじいちゃんの服装
ベッドの高さ
車椅子の位置
床の状況

次に、そのイメージに基づいて実際に体を動かしてみましょう。自分の手をどう動かして、どこで力を入れて、どのように移動していくのか。

スポーツの分野では、ビデオ撮影したフォームをスロー再生して、細かい動作を確認していく選手が少なくありません。素早いバッティングフォームであっても、スロー再生してみることで、細かい動作が分析でき、オリジナル再生速度ではわからないことが見えてきます。イメージトレーニングにおいても、イメージに基づく動作をゆっくりとしたスピードからはじめていくと、スローモーション映像で確認するかのように、細かい部分までのイメージがしやすくなります。そのため、ゆっくりした動きをもとにして、一つ一つの動作を細かくイメージしていきましょう。

さらに、イメージに五感も加えていきましょう。おじいちゃんの服の感触、重さ、暖かさ、移動に伴う重心の変化、表情、声、匂いなど細かい部分までイメージできていくと良いです。イメージがまとまったら、今度はイメージ動作のスピードを上げていきましょう。五〇パーセント程度のスピード、次に一〇〇パーセントのスピードでイメージをもとにして同じ動作をします。

② 介護のイメージができているか

イメージは経験や知識があって、はじめて可能となります。介護に対しても、ある程度の経験を積むとイメージができるようになります。経験できることは限られていますが、見ること、聞くこと、学ぶことでもイメージを膨らませることができます。主治医やケアマネージャー、介護経験者から聞いた話の中から、自分にできそうなもの、取り入れられそうなものを自分の状況に置き換えてイメージしていくと介護のレパートリーが増えます。講習会やＤＶＤで介護福祉士の技術を見ることによって、身体の動きや手順を学ぶこともイメージを描くには大切です。

そして介護の経験や知識が積み重なってくると、バランスを崩した時、なかなか起きない時、機嫌が悪い時にどうするかといった対処イメージも、どんどん膨らんでいき、より介護がスムースに、能率的にできるようになっていきます。

「歩行の介助をしていたら、おじいちゃんがバランスを崩した」という状況に対して、どう対処しますか？

バランスを崩した際に、なるべく転倒の衝撃を強くしないように、おじいちゃんの体をすぐに支える

周りに固いものを置いておかないようにする

など、**日常に起こり得るアクシデントに対処できるようイメージしておきましょう。**また、

お父さんの体調が急変した

夫のおむつを替えようと思ったら、使い切っていてストックがなかった

など、介護をしていると不測の事態が起こります。介護を受ける人の意識が混濁《こんだく》し、顔面蒼白で呼吸が弱くなったという状況が急におとずれた時、介護する自分がパニックに陥ったという話を聞いたことがあります。こうした状況において、日ごろから急変時の対応をイメージしておくことで、「急変した場合は、まず救急車を呼んで、かかりつけ医の病院名を伝える」といった適切な対応がしやすいものです。イメージトレーニングに必要な

想像力は、訓練によって補足運動野を中心とした神経回路が徐々に形成されていくため、やればやるほど鍛えられます。

③ 成功イメージを描く

日々の介護や自分が立てた介護目標、介護計画に対して、介護を受ける人の反応などをポジティブにイメージすることが大切です。イメージの中では、自分だけの世界を自分の好きなように楽しく描けます。

どうせ介護についてイメージするなら、

「あ～あ、今日の食事介助、きっと食べてくれなくてお皿をひっくり返されそう」

といったようなマイナスイメージではなく、

「食事を美味しいと食べてくれ、喜んでくれるかもしれない」

といったプラスイメージが強い方が、介護する自分はよりポジティブになれます。

どうしても上手くいかないことに対しては、他の方法を試してみようなどと、マイナスイメージを補い、プラスイメージへ修正できると、次は上手くいくかもしれません。

こんな実験があります。バスケットボールのゴールが決まるビデオを見た学童と失敗するビデオを見た学童で、バスケットボールのフリースローの成績を比較しました。結果は、ゴールが決まったビデオを見た学童の方が、フリースローの決定率が高かったのです。ゴールが決まるという成功イメージが、成績に影響を与えたと考えられます。

上手くいった場面を想起すると、成功イメージが高められます。成功イメージが強いと、物事が上手くいくことが多くなります。

日常生活でも、勝負服を着る、上手い人の真似をするといった工夫で、成功イメージが作れます。介護においても、上手い人の介護を真似る、上手い介護をイメージすることで応用ができるでしょう。

先のわからない将来に対しても、どうイメージで対応していくか、**イメージ自体は自由に勝手にできます。**マイナスイメージが強いと、介護する自分の不安、焦りが増強され、脳の中にマイナス思考の神経回路が形成されます。さらにマイナスイメージが強まると、自信を喪失し、うつ状態になります。

これに対してプラスイメージは、成功イメージが高まり、自分が輝き、幸福感を得られます。時には、ひとりでに笑いが出てくることもあるでしょう。プラスイメージがあると、不安や恐怖に対しても、過度の緊張状態に陥らないなどの対策にもつながります。最初は良いイメージが描けなくとも、日々、良いイメージを少しずつでも高めていけば良く、それが自信につながります。

最後に、介護はいずれ終わりを迎えます。介護終了後のイメージを持つことも大事です。このイメージが乏しいと、いわゆる「燃え尽き症候群」に陥る場合があります。時と場合によっては、どういうお別れをするかのイメージも必要になってきます。

●介護日誌をつける

スポーツ心理学において、選手が「練習日誌」として日誌をつけることは不可欠と言っていいほど非常に大切なものと考えられています。なぜかというと、本日の練習を振り返り、未来を考えていく道具になるからです。

ロンドン・オリンピック、ボクシング金メダリストでWBA世界ミドル級チャンピオンの村田諒太選手は、著書『101%のプライド』(幻冬舎)で、練習日誌の有用性について述べています。

一部抜粋します。

「日誌をつけているから、自分の調子がいいときは、どんな練習をしたか、どんなウォーミングアップをしていたのかを客観的に知ることができる。（中略）積み重ねた練習ノートは、大切な方向性を示してくれるバイブル的な存在となった」

村田選手の言葉を借りれば、自分のメンタルが弱いから、こういった日誌をつけていたそうです。そして日誌をつけることが、イメージトレーニングにつながり、さらに心理面をコントロールできるようにもなり、ロンドン・オリンピックの金メダル獲得に大きな力を与えたようです。

日誌をつけることは、介護にも応用できます。

「あそこで、おじいちゃんにもう少し優しくしてあげていれば、あんなに不機嫌にならなかったかな？」

など、今日一日の介護を思い出して、

「明日以降は、もう少し優しくしていこう」
「命令口調を控えよう」

と、**日誌に記載すると、未来を考えるイメージトレーニングにつながります。**

イメージには映像的なものと文字的なものがあります。脳が記憶する情報量は、映像的なものの方が圧倒的に多いですが、映像的なイメージを文字に変換し、まとめてみることでイメージがより強固になります。

また日誌は、自分のデータベースであり、自分のやってきたことを振り返り、自分を時系列に評価できます。それからデータを上手く利用することで、将来に活用できる道具となります。さらに客観的に自分を見つめて、自分がしてきたことが、おかしくないかどうかをチェックするためのツールにもなります。

基本的な書き方としては、今日のことを振り返ることはもちろんですが、今後どうすべきか、明日以降の目標、目標に対するプロセスを考えて記載していくことも大切です。その際に、なるべくプラス思考を心掛けましょう。上手くいかなかったこと、つらいこと、しんどいことが多い介護ですが、

「今日は、掃除中にごみをひっくり返して、なんだか上手くいかなかった。だけれど、今日、ナオちゃんからもらったクッキー、美味しかった」

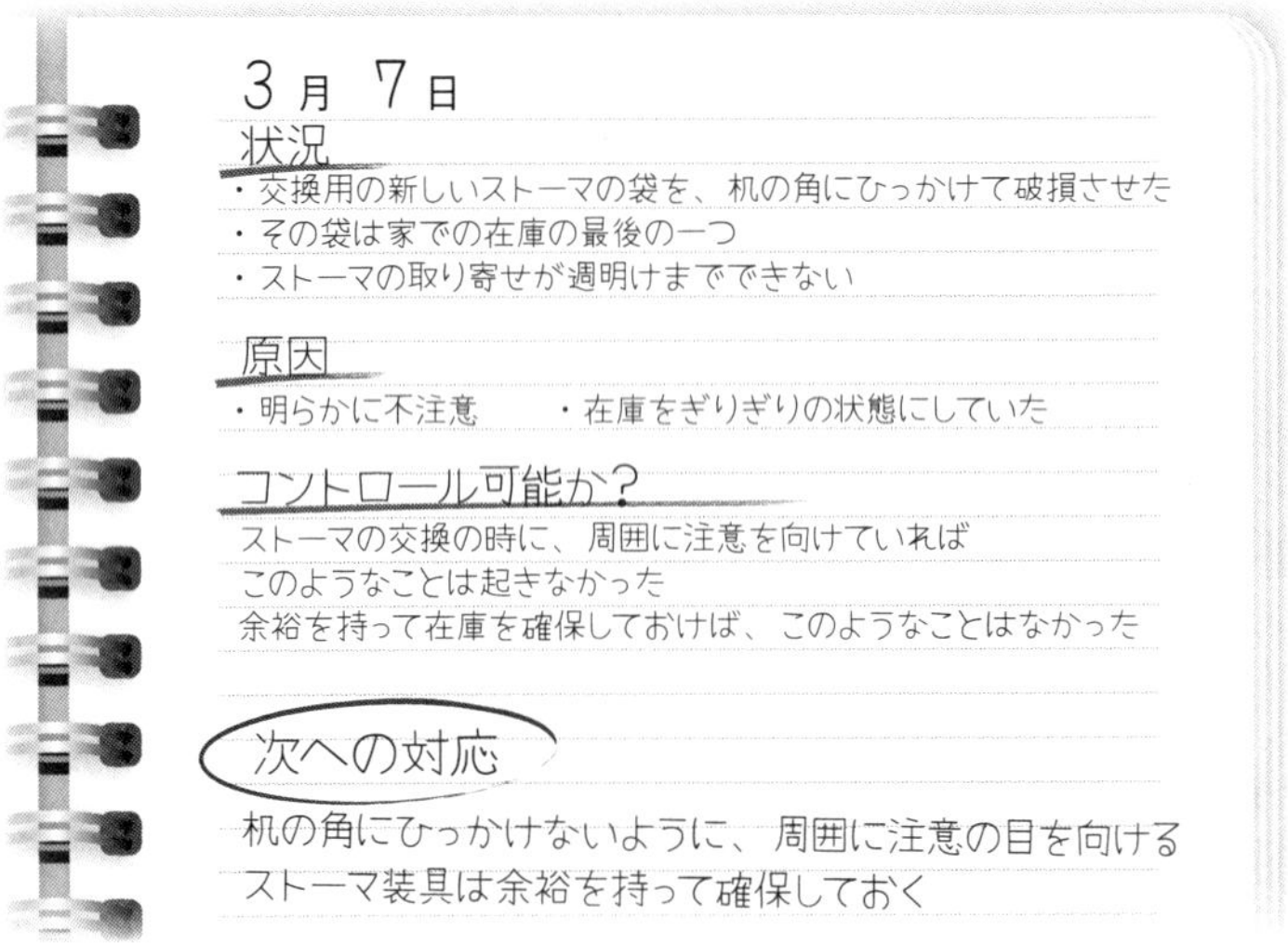

3月 7日
状況
・交換用の新しいストーマの袋を、机の角にひっかけて破損させた
・その袋は家での在庫の最後の一つ
・ストーマの取り寄せが週明けまでできない
原因
・明らかに不注意
・在庫をぎりぎりの状態にしていた
コントロール可能か？
ストーマの交換の時に、周囲に注意を向けていれば
このようなことは起きなかった
余裕を持って在庫を確保しておけば、このようなことはなかった
次への対応
机の角にひっかけないように、周囲に注意の目を向ける
ストーマ装具は余裕を持って確保しておく

などマイナスのことを書いたら、プラスのことを必ず書くといったルールを決めて、ポジティブな言葉が書けると良いです。

《介護日誌の例1》

直腸がんの手術後に、ストーマというお腹に作った便の排泄口（人工肛門）がある八〇代の母の介護をする五〇代の女性の日誌を例に挙げましょう。

ストーマには便がたまるので、定期的な交換が必要になります。娘が主に在宅にてストーマの交換をしていました。

ある日、交換用のストーマの袋を、破損させてしまいました。実は、その袋が家での在庫の最後の一つで、しかも、ストーマの取り寄せが週明けまでできないというおまけがつきました。結局、ストーマの部分におむつをあてて、ビニールで覆い対応することになりましたが、この一件を日誌を使い、右頁上図のように振り返りました。

これは日誌により失敗を成功につなげていく活用例です。

上手くいかなかった状況を記入して、なぜ上手くいかなかったのか、原因を振り返ります。その原因が自分でコントロール可能であったのかどうか考えます。次にどうすれば成功につなげられるのかを書くようにすると、次への行動が考えやすくなります。

《介護日誌の例2》

脳梗塞《のうこうそく》の後遺症で認知症と左半身にマヒがある八〇代の母を介護する五〇代男性が、介護人生最大の失敗ととらえている母を傷つけてしまった出来事を将来につなげる日誌です(次頁図)。

介護中に起きた出来事を書くことにより、次にどうしたら、より良い介護につながるのかと、過去の後悔より将来に思考が向かっていきます。反省は大切ですが、特に失敗がコ

8月26日

状況

あまりに、お漏らしを繰り返すもんだから、
つい、怒鳴り声を上げてしまった
そうしたら、お袋は声を上げて泣いて、立ち直れなくなった
取り返しのつかないことをしてしまった

原因

自分の気持ちをコントロールできなかった
仕事もあって、疲れがたまっていてイライラが強い
お漏らしの臭いで気持ちが悪くなった

コントロール可能か？

自分が我慢することで、怒鳴らなくてもすんだ
仕事量を減らすことは難しい
マスクと消臭剤を使えば、臭いの不快は少しは緩和

次への対応

気持ちに余裕がなかったので、リフレッシュする時間を確保
「お漏らし」より、お袋への愛に目を向ける
マスクと消臭剤使用
ヘルパーさんにお願いできる時は、自分のケアに専念する
あのお袋の落ち込みは、二度と見たくない
我慢すべき所は我慢
その分、音楽で発散

ントロール不可能なことであった場合には、落ち込むのでなく、反省を踏まえてプラスにつなげていくことがより大切です。

さらに日誌は、メンタルが強くなったかどうかの判断にもつながります。以前にメンタルが折れて、手がつけられなかったような介護が、ストレスを感じながらでもできるようになっていれば、メンタルは確実に強化されていると考えるべきです。そして自信につなげていきましょう。このような自己評価も、日誌をつけることによって可能となっていきます。

《介護日誌の例3》

脳梗塞にて、歩行障害、排尿障害、認知症状がある八二歳の父を介護する五〇代の息子がつけた日誌です（次頁図）。彼は妻と三人の子を持ち、仕事をしながら離れて住む父の介護をしています。

この方の介護日誌では、問題点と同時に、良くなった点を意識しています。また、問題点に対して、どうすべきか解決方法を考えています。さらに、日誌の最後は目標や夢で締めくくっていますので、明日に向けてプラス思考が伝わる日誌だと思います。

日誌をつけるなら、いかに楽しくつけるかを考えてみましょう。日誌というと、面倒に

11月28日

父親の状況

歩行は介助で、近所の散歩
昼間は自分でトイレに行ける。夜はおむつ
孫と将棋をしていた

良くなった所

介助であるが、歩行の距離が少し増えた
将棋は、相変わらず強い
昔のことは、よく覚えている

問題点（解決する目標）

・歩行障害　・失禁　・認知症

今後の方針（プロセス）

・歩行に対しては、デイケアのリハビリテーションを利用
・デイケアは、抵抗なく通ってくれている。ありがたい
・月に一度のクリニック受診で、体調チェック
・夜のおむつは、現状、やむを得ないか？
・大人用のおむつを週末に車で大量購入

その他

・少しずつであるが、確実に歩行距離は増えている
・トイレも、昼間は自分で何とか対処できている。
この調子、この調子
・将棋では、孫の王手に気付かなかった。でも、強い
・一か月前を振り返ると、
歩行もトイレも確実に良くなっている
・親父の夢である、「海外旅行」を何としても叶えよう

10月29日

父親の状況

歩行は介助でトイレに何とか行ける
ただし、失禁が多い
認知症状があって、弟の名前が出てこない

良くなった所

介助であるが、歩行の距離が少し増えた
ケアマネの方がいらして、介護保険に対して面接してもらった

問題点（解決する目標）

・歩行障害　・失禁　・認知症

今後の方針（プロセス）

・歩行に対しては、根気強く介助をしていって
　筋力を弱らせないようにしたい
・昼間は、デイケアなど必要か
・休日は、家族の誰かが、介護に行って、父の歩行を手伝う
・失禁は、基本、おむつ。ただ便座に座った時には
　大便ができたので、なるべく便座に座らせたい
・今の状況は、特にトイレの部分での負担が強いので、何とかしたい
・認知症状に対して、子ども達の協力
・子ども達は、学校や勉強、部活で多忙であるが、
　月に1度は、じいちゃんの家に行って、お話や歩行の介助、
　将棋などできると、じいちゃんの頭を刺激できると思う

その他

・今日はケアマネとの面接があり、
　色々な質問に答えていたので、頭の刺激にはなったと思う
・弟の名前がすぐに出なかったのは、ショックだったかもしれない
・でも、刺激しないとボケが進むから、
　明日も、歩行の介助、便座に座らせる、
　会話で頭を刺激することをポイントに頑張るぞ

感じる人が多いので、楽しいことを書いて、日誌を書くこと自体が楽しみになるようにできると良いと思います。

できなかったことより、できたことを強調し、上手くいかなかった過去を嘆《なげ》くより、いかに将来につなげていくかを考えることが重要になります。過去より今をどうするかが、未来を変えます。未来仕立てで、自分のやりたいことを最後に書いて、その夢なり目標なりに向かって行動していくという日誌記載方法です。

以上、第1部ではセルフトーク、リラクゼーション、サイキングアップなどの方法を解説してきました。これらのトレーニングをしていくと、周りの状況に翻弄《ほんろう》されっぱなしの「大変な介護」から、いつでも、どこでも、短時間で自分のメンタルをコントロールできるようになる「楽しくなる介護」につながります。

第2部

介護を受ける家族と良い関係を築く

1

自分を「コーチ」、介護を受ける家族を「選手」とすると

スポーツ心理学では、監督、コーチに焦点をあてた、指導者自身の教育、トレーニングに関する「指導者のためのメンタルトレーニング」があります。指導者が選手に対して、どのように接して、どのように指導すると、選手のメンタルが安定するのか、そして、いかに良いパフォーマンスを発揮させるかを考えるものです。

介護をするにあたって「コーチ」と「選手」なんていうと、みなさんは違和感を持つかもしれません。しかし、この「指導者のためのメンタルトレーニング」の考えを介護の場に応用すると、多くのヒントが得られます。

スポーツでの「コーチ⬇選手」の関係を、介護の現場での「コーチ＝介護する自分達

⬇選手＝介護を受ける家族」に置き換えてみます。何らかの不自由があって介護を必要とする家族に対して、介護によりサポートする自分という構図には、スポーツでの未熟な点を補いながら上達しようとする「選手」と、それを指導していく「コーチ」の関係に共通するところがあります。

有能であっても、コーチとの仲が悪くつぶれていく選手もいれば、能力的に劣っていても、コーチが良い点を引き出して活躍していく選手もいます。またコーチによって練習が好きになる選手もいれば、嫌いになる選手もいます。優れた指導力は、リオデジャネイロ・オリンピックで井上康生監督が率いる日本男子柔道チームが全階級でメダル獲得という偉業を成し遂げたように、輝く存在を育て上げます。ちなみに井上監督は、東海大学、そして東海大学大学院でスポーツ心理学を学ばれました。

介護においても、介護する側がどのように接するかで、介護される家族が介護を受け入れてくれるか、日々の生活に意欲を持ってくれるかなど、**家族の将来の輝き方が変わってきます。**そこで第2部では「指導者のためのメンタルトレーニング」の考えをベースにした介護への取り入れ方を見ていきます。

「コーチ」の語源は馬車だそうです。馬車に乗った人を目的地に連れていくことから派生しているので、コーチとは「教える」というよりも「導く」といった方が、本来の意味に合致しています。

スポーツ心理学的に良いコーチの要因の一つとして、細かいことを教えるのでなく、選手にどのようにすべきかを気付かせることだと言われています。

かつてコンサドーレ札幌でプレーしたサッカー選手で、現在は北海道教育大学でスポーツマーケティングを教えている曽田雄志さんは、「気付きの能力を上げること」、つまり選手自身が考え、想像して、気付いていけるように指導していくことが大切と述べられています。たとえばサッカーのシュート練習一つにしても、ボールの蹴り方を事細かに教えるのではなく、練習の中から、どうしたら的確なシュートを蹴れるのかを考えさせるよう心掛けさせています。

言われたことだけを言われた通りに練習しているのでは、自分で考える能力が低下し、特に物事が上手くいかなかった場合に、壁にぶち当たりやすくなります。一方で、選手自らが、考え、悩みながら、高い気付きの能力を持ってのぞんだ練習で得た技術は、自分に合った技やポイントが生かされやすく、良いパフォーマンスにつながりやすくなります。

介護において、介護を受ける家族が不自由に感じていることをすべて手伝う（教える）と、介護を受ける側はほとんど頭と体を使わないで、時間を過ごすことになります。そうすると、次のような悪循環に陥ります。

動かない⬇意欲低下⬇筋力低下⬇寝たきり進行

この悪循環に陥らないためにも、介護を受ける家族にできることをさせつつ、いかに心地良く頭を使ってもらうか、いかに快適で有意義な時間を使ってもらうかが重要になってきます。

是非、少々の遊び心をもって自分がコーチとなり、介護を受ける家族を晴れやかな舞台で輝かせてください。

介護をする自分自身は、心に余裕を持つことが大切なので、どうぞ肩ひじ張らずに、リラックスして読んでみてください。

2 介護する自分がコーチとして心掛けること

① 感情をぶつけない

すぐに怒る、常に命令口調、やたらにプレッシャーをかける、自分の考えを押し付ける、感情の起伏が激しい、すぐにやる気をなくす。こういったタイプはコーチとして適任でしょうか？

コーチには、自分自身で感情や行動をコントロールする、つまりセルフ・コントロールが必要です。

介護をしていると、楽しいこともあれば、つらいこともあります。嬉しいこともあれば、悲しいこともあります。急にプレッシャーや不安が襲って来たり、不慮の事故も生じます。しかし、感情がすぐに出てしまい、いらだちの矛先を他者に向けてしまうのは良くありません。どんな時でも自分の感情や行動をコントロールできれば、介護を受ける家族の安心感につながります。

とはいえ、介護の現場では、怒りたくなること、イライラすることが多いかと思います。それでも怒りを表に出さずに、第１部で紹介した呼吸法やリラクゼーション、サイキングアップ、ルーチーンなどのメンタルトレーニングを駆使して、気持ちを切り替えてみてください。

頭に血がのぼった時には、深呼吸しましょう（呼吸法四六頁を参照）。

大切なものを触られて腹が立ち、つい「何やっているのよ」と怒る前に、深呼吸をして一息入れると、少し気持ちが落ち着きます。ワンクッションおいて、本当に怒るべきかどうか判断すると、少なくとも瞬間湯沸かし器のように激怒する感情はコントロールできます。また、腹が立った時に、怒りを抑えるルーチーンを作っておくことが有効な場合もあります。

ココトレじゃんけん① セルフ・コントロール能力養成トレーニング

スポーツ心理学におけるメンタルトレーニングの一つに、「本気じゃんけん」（五六頁）があります。第1部でも紹介しましたが、これはプラス思考を作り上げる有効なトレーニングです。これを応用し、介護に役立てるトレーニングをいくつか考案してみました。堅苦しい場面の多い介護に少々遊び心を持ち、メンタルトレーニングを「ココロトレーニング」略して「ココトレ」と名付けました。是非、ゲーム感覚で楽しみながら行ってみてください。

それでは、セルフ・コントロール能力を高めていきましょう。ココトレじゃんけんは、介護している者同士で行いましょう。

まず、本気じゃんけんをしてください。

勝った人は、負けた人の悪いところを三つ、けなしてください。

負けた人は、何を言われても、呼吸法やスマイル、アティチュードトレーニングなどを駆使して気持ちを切り替えてください。

勝った人は、負けた人の気持ちがコントロールできたと感じた時に、「ちょっと、言いすぎました」など、一言謝ってください。

このトレーニングは、いつでも、どこでもできます。そして、いかにイラッとすることがあっても、気持ちを短時間でコントロールすることが可能になります。本気じゃんけんで勝った人は、けなす言葉で、負けた人を責めてみましょう。ただし、非常に心傷つく言葉や、デブやハゲなど身体的なコンプレックスにつながる言葉は慎んでください。負けた人は、落ち込む言葉があっても、トレーニングですので、気持ちをコントロールすることに努めてください。最後に本気じゃんけんで勝った人からの、ちょっとした一言があれば、ネガティブ感情は引きずりにくくなるかと思います。それから、このトレーニングではじゃんけんに負けると何を言われるかわからないので、本気じゃんけんの真剣度合いも高まるでしょう。そして必ず、このトレーニングの後には、お互いに感謝の言葉を掛け合い、くれぐれも遺恨を残さないようにしてくださいね。

② 共感し、同調する

セルフ・コントロールのために重要なことの一つとして、「共感し、同調する」が挙げられます。介護を受ける家族の行動に対して、共感して同調する一言を添えるだけで、その後の行動が受け入れやすくなるものです。たとえ「そんなこと、あるわけないじゃないの」「何バカなこと言っているの？」と感じたとしても、介護を受ける家族はいたって真面目に行動し、言葉にします。明らかな誤りや妄想であったとしても、頭ごなしに言い分を否定する、無視する、といったことは良くありません。

介護を受ける家族が明らかな妄想を言う⬇否定の言葉をかける⬇介護を受ける家族が怒る⬇ケンカになる

ではなくて、

介護を受ける家族が明らかな妄想を言う⬇共感し、同調する⬇介護を受ける家族が納得する⬇自分自身の気持ちも落ち着く

のように、共感、同調は介護を受ける家族の気持ちを安定させると同時に、介護する自分自身のセルフ・コントロールにつながりやすくなります。そして、どうしても正してい

く必要がある場合は、優しく、良いことか悪いことかを、伝えることが大切です。

認知症の八〇代の男性Nさんは認知症の進行とともに、幻覚、妄想が現れて、

「嫁が、俺の金を盗んだ」

と言って暴れ出すことがありました。それに対し、息子が、

「親父、そんなことある訳ないだろ」

と反論すると、さらに激高して収拾がつかなくなりました。

こういうことが続き、息子夫婦はとても疲弊《ひへい》していったため、ある時期、とりあえずNさんと話を合せてみたらどうかと考えました。

そして、泥棒妄想が始まった時は、

「さっき警察に連絡して調べてもらっているから、安心してくれ」

と話を合わせると、

「そうか」

と、納得して暴れなくなりました。

時間が経つと、泥棒妄想のことは忘れてしまうので、その場、その場での共感、同調で機嫌を損ねないようにすることが、Nさんのような認知症の方の対応には有効でした。同時に息子夫婦も共感、同調を示すことで、Nさんに対しての怒りやいらだちなどの感情を格段にコントロールできるようになり、介護もしやすくなったそうです。


八〇代の母を介護する四〇代の男性は、母の認知症が進行して、飲食への意欲が減ってしまったため、いかに水分を飲ませるか、頭を悩ませていました。試行錯誤した末に、母と一緒に同じものを飲むようにすると、付き合って飲んでくれることがわかりました。判断力が鈍っている場合でも、単純な物事を真似させることは、効果的な場合が多いようです。

とはいっても、ストレスが続く状況下や、興奮しすぎの状況では介護能率も生活能力も低下します。**自分が我慢した分は、どこかで必ず発散してください。**リラクゼーションするなど過剰にストレスをためないように工夫してください。

③ プレッシャーをかけない、足を引っ張らない

「おじいちゃん、早く着替えて。散歩に行くよ。早くしてよ。早く、早く」

このように、プレッシャーをかけると、介護を受ける側がパニックになり、焦るあまりに転倒などのケガにつながります。また、目が不自由で移動に介助が必要な方がトイレに行きたいと言った時に、「ちょっと忙しいから待ってちょうだい」と何十分も待たせたり、新聞の整理など何かを機嫌良くやっている時に、「おじいちゃん、終わりにして、あっちの部屋に行きましょう」と、動作を中断させたり、別の話を入れて頭を混乱させたりするのは、介護を受ける側の足を引っ張る行為になります。

さらに、高齢者や認知症の方の多くは、同じことを何度も、何度も語ります。語っている時には、おそらく頭の中に語っている状況が浮かんでいます。以前に同じ話をしたこと

はすっかり忘れ去って、脳を心地良く使っている可能性が高いです。そのような状況の時に、

「それ、前にも言っていたよね」

と口をはさむことは、気持ち良く語っている人の足を引っ張っているようなものです。同じことを聞いて、面倒だなと感じたとしても、うなずくなど話を聞いているリアクションを取ることが大切です。

●ココトレじゃんけん② 集中力養成トレーニング

冷静に対処しようとしていても、介護の現場の中には、騒々しかったり、目障りや耳障りな場面があったりで、集中できない状況が少なくないと思います。そのような状況でも、いかに冷静に考えられるかが、良いコーチとして大切な能力になります。このトレーニングは、雑音の中でも冷静な思考力を保ちながら、集中力を高めることを目的にしています。

本気じゃんけんで先攻、後攻を決めます。先攻の人は簡単な計算、たとえば掛け算九九の三の段を声に出して言います。

後攻の人は、九九に関係のない話を大きな声で言って、計算の邪魔をします。

次に先攻と後攻を交代し、同様なことをします。

先攻の人は、雑音に惑わされず、いかに計算を的確に進めていくかを考えていきましょう。大きな雑音があっても冷静に計算できるようになれば、騒々しい介護の現場でも、冷静に物事を考えられるようになります。

●同じことを何度も繰り返す相手に対して

数分おきに同じことを言われ続けたら、介護する自分達もまいってしまいます。スポーツ心理学とは離れますが、何度も同じことを繰り返すケースの対策を紹介します。


数年前に発病したアルツハイマー病の七〇代女性Dさん。

「(娘である) よし子は、どこに住んでいるの?」

という問いに対して、介護する娘達が返事をしても、自分で言ったことをすぐに忘れてしまうので、数分後に、また同じことを言ってきました。多い時には一日に五〇回以上、こういった状況がエンドレスのように続きました。

Dさんが寝るまで、こういった状況が続くと、さすがに肉体的にも精神的にも疲れてしまいます。

そこで対策として、昼間の人手が比較的多い時間に、餃子の皮作りや、焼き鳥の串刺しといった単純作業をさせてみました。結構、手が覚えていて、Dさんは質問を繰り返すこともなく黙々と作業を続けたそうです。昼間に何らかの単純作業をさせたことで、夜、比較的早い時間に寝てくれるので、同じことを延々と繰り返し言ってくる問題は解決されました。

同様なケースでは、他にペットと触れさせる、孫と遊ばせる、昼間に庭の手入れをさせることが対策となったという方々もいました。

同じことを聞いてくる方の心理として、不安を感じている場合があります。思考の矛先を他の何か熱中できるものに向かわせることで、不安を取り除き、さらには昼間行動して、夜寝るというリズム作りが可能となります。

④ 深みにはまらない情報収集のコツ

現在は情報化社会で、誰でも介護の知識を容易に得ることができます。介護する自分が情報収集することは、自分のためにも、介護を受ける人のためにも有益です。インターネットや書籍、それから介護の家族会などを通じて、新しい情報を収集していく際に心掛ける点を見ていきましょう。

元プロ野球選手で現在、北海道日本ハムファイターズのスカウトである西俊児さんは、日本ハムファイターズのコーチ、二軍監督時代を振り返り、情報収集に関してヒントになることをおっしゃっています。選手が思っていること、やりたいと感じていることを実践させ、目的を達成できるように導くために、指導者として、知識を増やすことはとても重要であると述べられる一方、莫大な情報の中から、適切なものを収集するために、判断に迷った時には師匠と仰ぐ信頼できる方に、相談するそうです。また、自分にとって有用と考えるセミナーには積極的に参加し、適切な情報を収集しています。このように信頼できる人の考えを参考にする、セミナーに参加することで情報を精査する眼を養っておられます。

介護においても、たくさんの情報があります。

Yahoo! JAPANで「介護」を検索すると三億四五〇〇万件以上がヒットします。Amazonで「介護」の本を検索すると一万六〇〇〇件以上ヒットします。本当に無数の情報があります。ただしネットや書籍から得られる情報には限界がありますし、自分がほしい情報なのか、それが正しい情報なのか否かの判断が難しい場合が少なくありません。

そこで、西俊児さんが指摘するように、信頼できる人の考えを参考にする、介護セミナーに参加するといったことが、情報収集の効率を高める手段となるでしょう。介護に対する疑問は、人それぞれ異なります。自分がどのような情報を知りたいのかをはっきりさせ、ケアマネージャーや同じような経験をされた方に質問してみることによって、ヒントが得られる可能性があります。また近年は、介護に関するセミナーも多数開催されています。セミナーに参加して、疑問点を質問し、自分の状況に則した正確な知識を蓄えていくことが大切です。

情報収集の際に注意すべきなのは、有益な情報であっても、重症度や個人差により、効果が同じとは限らないということです。

たとえば、「脳卒中の不全麻痺《まひ》に、ボツリヌス毒素治療が有効」という情報があります。

この情報の通り、ボツリヌス毒素治療の恩恵を受けた方々はたくさんいます。一方で、ほとんど改善しない人もいます。また治療の有効性において、患者側が理想とする状態と、実際の治療効果との間にギャップがあることも、しばしば見かけます。多くの方々に効果がある方法でも、自分に合わないと感じたら続けない方が良いでしょう。

脳腫瘍《のうしゆよう》を患った母を持つ三〇代の息子の話を紹介します。

六〇代の母が、髄膜腫《ずいまくしゆ》という脳腫瘍を患いました。幸い手術で全摘出できて、病理検査でも良性を確認したので、担当医から、

「治癒と判断しますが、念のため定期的にＭＲＩなどの検査を行っていきましょう」

と説明を受けました。

それでも、病気の理解を深めようとした息子は、インターネットで「髄膜腫」について検索しました。すると、「髄膜腫で認知症」「髄膜腫が悪性に転化」など、不安になるような情報が出てきました。この時、息子はそれ以上の検索を意識的にやめ、その代わりに、通院の時には可能な限り同席して、担当医の言葉のみを信じるようにしました。手術後、五年が経過しましたが、インターネットで目にしたような不安な要素はまったくなく、元

気にしているそうです。

この男性のように不安が強まる、自分がだめになりそう、などといった情報は、意識的に蚊帳《かや》の外に放り出すことも時には大切です。

また「最新情報」は、慎重に対応すべきです。

以前、サルノコシカケというきのこがガンを治すという情報が出回り、多くの人がこの情報を信じて、爆発的なブームとなりました。しかし、まもなく情報ほどの効果がないことが判明して、すぐにブームは過ぎ去っていきました。このように新たな情報は、今までにない効果を与えてくれる可能性がある反面、まだ治験が少ないので不確定な要因が必ず存在します。

ネット社会で情報が簡単に入手できて便利になりましたが、**情報収集に際して大切なことは、情報に必要以上に惑わされず、自分に合う情報を選択することです。**

3 心を開かせる

① 言うことをきかない、介助を嫌がる心理状態

介護を受ける家族は、以前のように動けずに不本意だ、介護する側に申し訳ない、この姿をさらけ出したくない、生きる楽しみがない、などのマイナス思考に陥り精神的に脆《もろ》い場合が多いです。さらに介護を受けることに罪悪感を抱いている場合が少なくありません。そのような心理状態にある家族に対して、前向きに生活にのぞんでもらうために、彼ら、彼女らが話しやすい、過ごしやすい環境を整えてあげることが重要です。

まずは、介護を受ける家族に罪悪感を持たせないように、

「私達は、あなたの味方だから心配しないで」

「何でも言ってね。病気はあなたのせいではないのだから」

などと前向きな言葉で安心感を与えることが、家族の介護に対しては、何よりも優先されることだと考えています。また何か伝えたがっていることがあれば耳を傾ける、つじつまの合わないことであっても話を合わせる、といった聴く姿勢を示すことも安心感を与えます。


それから人間、好きなものに対しては、ホッとできるものです。そのために、介護を受ける家族の青春時代の音楽を流したり、思い出の写真を飾ったりすることも有効な場合があります。昔から大好きなお菓子や料理を用意しておくことも一つの方法です。


また、今まで何不自由なくできていた入浴、排泄などが困難になって、介助が必要な状態になった方の多くは、コンプレックスの塊《かたまり》です。通常、介助を嫌がります。それでも、

「今からお風呂に入りますよ」

と一声掛け、肩を抱いてあげるなどスキンシップも加えると、介護を受ける家族の気持

ちが落ち着きやすくなり、介護に対して心の準備をしてくれます。なかなか心を開いてくれない場合でも、繰り返すことで心だけは準備をしてくれるようになります。

②感謝の言葉で心的環境を整える

感謝の言葉も、心を安定させます。

平成二八年、プロ野球。最大一一・五ゲーム差を逆転してパシフィック・リーグを制覇した北海道日本ハムファイターズの栗山英樹監督は、リーグ優勝が決まった後、スポーツニッポンの独占手記にてこう述べま

した。

「選手たちが輝いてくれたから、優勝することができた。褒《ほ》めてあげたいし、誇りに思う。だからいま一度、言いたい。本当に、ありがとう」

監督の感謝の言葉は、選手達に大きなパワーを与えたことと思います。同年の日本シリーズ勝利の要因の一つになったことでしょう。

介護においても感謝の言葉は大切です。

ある三〇代の男性は、脳内出血後遺症で認知障害と運動障害が残る七〇代の父親の介護をしていました。おむつを替えようとしたら、父親に嫌がられて抵抗され、時には、爪で引っかかれる、咬《か》まれる、唾をかけられるということもありました。ふと殺意まで生じるほど腹が立つ状態が続いていたそうです。

しかし、家族や介護スタッフから、

「お前のおかげで、父さんも何とかなっている」

「あんなことされてつらいだろ。ただ、あなたの介護は本当にありがたい」

といった、心のこもった感謝の言葉をもらうことで、何とか踏ん張れたと言います。わずか数秒の言葉かけで、噴火寸前の気持ちが消火されたのです。

ある日、この男性が、

「親父のおむつのケアをするなんて、なんだかつらいけれど、育ててくれてありがとう」

とさりげなく父親に話すと、今までのように抵抗せずに、おむつを交換させてくれました。男性は、親子だから感謝は当たり前だろう、ではなく、言葉にして感謝を伝えることが大切なのだと、自分の感情、そして父親の反応から痛感したそうです。このように言わなくてもわかる、言われなくてもわかるではなく、実際に感謝の気持ちを伝えることが大切であると強調させてください。

些細《ささい》なことでも、介護する側から掛けられる、

「ありがとう」

の一言が、介護を受ける家族に幸せ感を与えて、互いの信頼感につながります。


介護を受ける家族の心の準備のポイントは、介護に先立ち、安心を与え、楽しく生活できる環境を整えることです。

③ 介護スタッフとの付き合い方

介護を受ける人の中には、他人に対して心を開かないで、自分の殻に閉じこもりがちになる場合があります。家族に対してはかろうじて心を開くものの、家族以外のケアマネージャー、介護スタッフといった他人には心を開かずに、「知らない人には、会いたくない」「あの人には、介護されたくない」と拒《こば》む声も聞きます。

たしかに、知らない人より、家族に介護してもらう方が安心感は強いでしょう。ただし、すべての介護を家族のみに頼る状況が続くと、介護を受ける家族の閉じこもり状態が生じて、長期的に見て好ましい状況ではありません。そのため、いかに他のスタッフに対して、心を開かせるかを考える必要があります。心を開かない人は、比較的男性に多く、元々のプライドが邪魔をするようです。

まずははじめて介護スタッフに会うような場合、「私の友人の……」などと、家族の誰かと親しく見せる紹介をすると、抵抗なく受け入れてくれる場合があります。嘘も方便です。

しかし、これだけでは挨拶はできても、心を開かない状況が続くことが少なくありません。そういった場合でも、**縦社会、横社会でのつながりに対しては、心を開きやすい人が多いようです。**

まったくの初対面でも、仕事や趣味に共通な話題があると、そこを契機に心を開かせていける場合があります。事前に介護を受ける人の趣味、出身地、出身校、共通の知人の有無、スポーツでの応援チーム、好きな歌手などを把握して介護スタッフに伝え、介護を受ける人が興味を示す話題を提供していけると、少しずつでも心を開いてくれる可能性が高まります。いかに心を開かせて、介護を受ける準備をしてもらうかを考えていきましょう。

④ コントロールできないことが当たり前

第1部2「④究極のプラス思考とは」(三二頁)で述べましたが、プラス思考になるための方法の一つに自分のコントロールできることと、できないことを明確にして、自分のコントロール可能なことに集中して、コントロール不能なことは考えないという思考法があります。

介護を受ける人に対してもコントロールできることと、できないことがあります。自分以外は、家族であろうと、親友であろうと、恋人であろうと、基本的にコントロールできない存在です。

介護において、ある程度のことは自分でやってもらうようにするためには、多少、介護を受ける人をコントロールしていく必要があります。しかし、介護を受ける人にも人格があり、やりたいこと、やりたくないことがあります。そこを必要以上にコントロールしようとするのは良くありません。ましてや干渉しすぎ、つまり介護を受ける人を、介護する自分達の意のままにコントロールしようとすることは避けるべきです。どうしても嫌がること、やりたがらないことを必要以上にコントロールしようとすると、介護を受ける人にとってストレスとなり、乱暴になったり、介護拒否につながったりします。

たとえば徘徊をする方に対して、

「危ないから、お部屋に戻りましょう」

と説得する、または歩かないように叱りつけるのは逆効果の場合が多いです。徘徊している方は、歩きたい、何かを探している、今いる場所が落ち着かないなどの理由がある場合が多いので、ウロウロしはじめたら、少し付き合って話を聞き、気分が落ち着いたら部屋に戻すといった対応を心掛けると、介護を受ける人を管理しやすくなります。

たとえば、このような例があります。奥さんが他界され、一人暮らしとなったある八〇代の男性は、認知症状が進んだ状態にありました。そこで息子夫婦が引き取って、一緒に住み始めたのですが、居心地が悪いのか、しばらく経つと

「家に帰る」

と暴れ出しました。

「一人では、危ないから、私達が面倒みます」

と言ってもまったく聞く耳を持たないので、息子はさらに強硬な態度で

「親父、頼むから居てくれ」

と、その男性をコントロールしようとしました。が、より狂暴になり手がつけられなくなってしまったのです。

父のためと思ってしたことが逆効果になり、収拾がつかなくなったため、その男性が生活してきた家に戻すことにしました。すると、精神的に安定したのか、暴れることは一切なくなりました。

現在、その男性は自分の家で一人暮らしをしていて、家族は定期的に手伝いに行くなどして介護をしています。財布を失くしたり、家のものを外に持ち出してはどこかに忘れてくるなどの問題を抱えているのですが、暴れ出すような行動は皆無となったため、自分の

家での生活を継続してもらっています。

このように、介護する自分達が良かれと考えたことでも、本人にとって不快であることがあります。そこを介護する自分達の考えに従うようコントロールしようとすると、問題行動に発展する場合があります。多少の不便があっても、本人の気持ちを考慮してあげることが大切でしょう。

それから、料理の好き嫌いが激しい方を管理するのも大変です。体に良い料理を作っても、本人の口に合わないと食が進まないといったこともあります。そんな時、無理やり介護を受ける人の口に食事をいれるといったことをするのではなく、メニューに昔から好きなものを取り入れ、食べてもらうようにするなど、介護する人がコントロールできることを考えていった方が、上手くいく場合が多いのです。

特に高齢者で食が進まない状態が続くと、低栄養状態になって好ましくありません。そのような状態の時は、一部の病気を除いて、栄養バランスよりも、いかに必要量を摂取してもらうかを優先させます。うどんが好きならうどんを、芋の天ぷらが好きなら芋の天ぷらを、毎日のようにメニューに組み込んでもいいと思います。

4 信頼関係を築く

① お互いの意思や感情を伝え合う

スポーツの世界でコーチと選手の間に重要なのは、信頼関係と言われています。そのためにコーチは、選手への言葉かけはもちろん、言葉以外の手段も用いて自分の考えを伝えることが大切です。そのためには、コーチと選手との間に、お互いの意思を理解し合う、コミュニケーションを成り立たせることが必要になります。

そのために**コミュニケーションスキル**というお互いの意思、感情や情報を伝えるテクニックがあります。コミュニケーションスキルは、コーチが選手へアドバイスを伝えるための技能であると同時に、選手からコーチ、選手同士、親や関係者などとのコミュニケーションにおいても応用できます。このスキルによってコーチと選手の間に信頼関係が築かれて、競技成績向上につなげられます。国際的に一流であるアスリートほどコミュニケーションを重要視しています。

川崎新田ボクシングジムの新田渉世会長は、練習生の各々の目標を叶えるためにも、また、ボクシングを通して人間形成をするためにもコミュニケーションが大切と述べます。そのため、コーチ、スタッフから練習生の練習状況や心身の状態を伝えてもらい、なるべく直接励ましにつながる声掛けを心掛けているそうです。

また同ジムのメンタルトレーニングコーチ、小林玄樹さんによると、ジムのスタッフのコミュニケーションについては、前向き、かつ適切な言葉が多く、他人の意見をよく聴くそうです。一方で、怒る、けなす、命令、押し付けといった話は稀《まれ》で、会長とコーチ、練習生に信頼関係が生まれているそうです。さらに同ジムはボクシングという個人競技であるにもかかわらず、「チーム」であるとの意識付けがジム内でなされているため、指導者と練習生の間に、一方通行ではなく、両側通行のコミュニケーションが生まれています。このチーム意識もジム内での円滑なコミュニケーションにつながっているそうです。このようにスポーツの世界では、コーチが自分の考えを伝え、選手の気持ちを確かめることで信頼関係が生まれて、より良いパフォーマンスの発揮につながり得ると考えられています。

　しかし、こと日本では、「たるんでいるぞ」と、怒る、けなす、命令するといった指導が伝統的と考える側面もあります。多くのコーチも、選手も、こういった指導を当たり前と捉《とら》えている向きもあるのではないでしょうか？　私も、学生時代は日本の伝統的な指導で鍛え上げられました。

　選手の立場からすると、「もっと集中しろ。気合いだ」と言われたところで、コーチが何を言いたいのか、真意を測るのは難しいかと思います。コーチが選手に対して怒ったり、嫌がることや、やりたくないことを強いたりすると、選手自身がやる気を失います。さらに、選手が自分の意見を主張できなければ、コーチには選手の本心が伝わらず、選手は不満を抱きます。

　介護においても、コミュニケーションスキルとそれにより導かれる信頼関係が大切です。もともとは、自分達と何不自由なくコミュニケーションできていた家族が、発病や加齢によって以前のように理解が十分でない、言葉が通じない状態になる場合もあるでしょう。仕事や家事をこなしていた頃の毅然《きぜん》とした面影がなくなって、まるで赤の他人とコミュニケーションをとっているような感覚に陥るケースも少なくありません。それでも自分の考えを伝え、相手の意向を理解し、相手が嫌がることをしないようにすることが大切になります。介護を受ける人は理解が乏しくても、自分が心地良いと感じれば機嫌が良くなります。一方で嫌なこと、不快なことをされると不機嫌になるのは、スポーツ・介護に限らず、どの現場でも同じかと思います。

そこで信頼関係を築くためにも、お互いの意思を伝えあう能力、コミュニケーションスキルが重要となります。

②言葉を使わないコミュニケーションスキル

コミュニケーションをとるためには、話す、聴く、見る、見せる、感じる、翻訳する（わかりにくい言葉を一般的な言葉に直す）、理解するといったことが必要になります。これらによるコミュニケーションを理論付けした手法をコミュニケーションスキルと言います。

介護を受ける人は負い目を感じていて、言葉かけに敏感なことが多く、また介護する自分とされる人の関係を円滑にするためにも、非常に大切なスキルになってきます。

コミュニケーションには、言葉によってメッセージを伝える方法である**言語的な**「バーバル・コミュニケーション」と、言葉を伴わず身振り手振りなどで情報伝達を行う**非言語的な**「ノンバーバル・コミュニケーション」があります。コミュニケーションにおいては、非言語的な部分の占める割合が大きく、重要になってきます。

(1) 視線

私は、日本プロボクシングコミッションドクターを、研修医の頃から務めています。プロボクシングの試合で、リングサイドに位置取り、ボクサーが負傷した時に傷やダメージのチェックをして、試合続行が可能か、処置が必要かなどを判断します。

ある試合で、強烈なパンチを食らって失神ノックアウトされたボクサーがいました。急いで横たわるボクサーの意識状態を確認しようとしたその途端にノックアウトされたボクサーは意識を回復し、なんと、私を相手ボクサーだと思い込んで闘おうとしてきました。その時の、あの野獣のように迫りくる、怖い視線は忘れません。視線から伝わる強力な気配だけで冷や汗たらたらの恐怖を感じ、眼力だけでノックアウトパンチを食らったような感覚でした。視線は相手に強烈な気持ちを与えるのだと、肌で感じた瞬間でした。

「目は口ほどにものを言う」ということわざがある通り、目は心の内面を映し出します。

目を見ていると、何となく嬉しそうか、悲しそうか感情が伝わる場面が少なくないでしょう。

介護に対しても、視線を意識することで自分の感情が伝えやすくなります。ノンバーバル・コミュニケーションとしても、重要な方法になってきます。

上からの視線でものを話すと、威圧的に映りがちです。ベッドに横たわっている、もしくは椅子に座っている人に対して、立ちながら話すと、完全に上からの視線になります。そのような状況を怖いと感じる人もいます。

一方で、相手と同じ高さの視線は、安心感を与えやすいです。椅子に座ったり、腰をかがめたりして、なるべく上からの視線は避けて、同じ高さで目をしっかりと見て会話することが介護には大切です。特に、相手の言葉に共感できる時には、相手の目を見てうなずくことで興味をもって聞いていることが伝わりますし、お互いの信頼関係にもつながります。

それから、嬉しいことがあると優しい目つきに、怒っていることがあると怖い目つきになりがちです。これらの目つきで、感情が相手に伝わります。

目を優しく細める

怒った顔で、目を大きく見開く

といった視線は、相手にどのような感情が伝わると思いますか？

目を優しく細めたり、笑顔で目を大きく見開くと、相手に安心を与えます。相手に注意を与えたい時は、しかめっ面で目を細める、怒り顔で目を大きく見開くといったことを心掛けると、気持ちが伝わりやすくなります。

たとえば

「もう少し、リハビリのペースを上げてもらうと、回復につながるのだけど」と伝える時に、怖い目つきで言うと、「あなたのリハビリを見ていると腹が立つ」と伝わるかもしれません。同じ言葉を、優しい目つきで話せば、「決して怒っていないから、頑張ってね」という気持ちが伝わりやすいです。

(2) 表情

介護を受ける人に接する際の表情も大切です。

ポーカーフェイスという、無表情を表す言葉があります。トランプのポーカーをしている時に、状況に一喜一憂して、それが表情に表れると相手にカードを読まれてしまうので、感情の変化を表情や態度に表さないようにしている状態です。このように表情がなければ、心の内面を伝えにくくなります。

これに対して、演劇やミュージカルなどの演技では、ちょっとした心の変化を、顔の表情やジェスチャーで表現することで、多くの聴衆に感情を伝えます。そのために、どのような気持ちの時にどのような動きや表情をするのか、さまざまな人を観察する努力を払い、役者は日々、気持ちや感情を伝える訓練を行っています。

このように表情は、自分の気持ちを伝えるために、とても大切です。

同じ言葉であっても笑顔で接するのか、無表情、真面目な表情、怒った顔、泣いた顔で接するのかで、言葉の伝わり方が変わってきます。

笑顔で話せば自然と優しい口調に、怒った顔で話せば厳しい口調になります。どのような表情が、どのような印象を与えるのか、ピンとこない方は実際に鏡を見ながら研究してみましょう。自分で印象が良いと思う表情であれば、相手にとっても「感じが良い」と思われるはずです。

介護を受ける家族によっては、目が不自由で、表情を認識できない場合もありますが、同じ言葉であっても表情を意識することで、相手への伝わり方が変わります。内心は怒っていても、笑顔を意識して話すことで、聴き手を威圧しないなどの効果もあります。

場面、場面で、表情を意識したコミュニケーションを考えてみましょう。

「表情」は「情の表れ」であり、人間関係において大切な要素の一つです。毎日「おもしろくない」と不満ばかり持ち続けていれば、暗い表情になって眉間にシワが寄り、表情も硬くなりがちです。逆に、何かに夢を持って、ささやかなことでも「楽しい」と感じられる人は柔らかい表情の方が多いですよね。前向き思考を心掛けることは、不自然に笑顔を作る必要がなくて、温和な表情につながります。

(3) 姿勢、ジェスチャー

他者に、自分の意思を伝えるための身振りや手振りは、非言語コミュニケーションの一つとして重要です。

胸を張っている姿勢は、何か良いことあったかな？
うつむき姿勢は、何か悲しいことでもあるのかな？

姿勢によって、感情は何となく伝わってきます。表情を加えると、さらに意思や感情が伝わりやすくなります。

またジェスチャーも大切です。言葉が通じない者同士でも、ボディーランゲージとして、ジェスチャーだけである程度のコミュニケーションがとれます。

たとえば介護を受ける人に対して、

「何か飲む？」

と、声に出して言ってみてください。次に、

「何か飲む？」

と言いながら、ジェスチャーを加えてみてください。

相手に対しての伝わり方は、どうでしょうか？　ジェスチャーを加えた方が、より物事は伝わりやすくなると感じるのではないでしょうか？　特に耳が不自由な方に対しては、姿勢やジェスチャーを意識することによってコミュニケーションの度合いが変わってきます。筆談でコミュニケーションをとる場合も、ジェスチャーを交えると、さらに効果的に情報が伝えられます。

(4) 言葉のトーン

話す時のトーンや、響き、発音、速さ、音量、リズムも大切です。

強く話すか、弱く言うのか
肯定的に話すか、否定的に言うのか

さらに、嬉しい、面白い、感動的、悲しい、腹立たしいといった感情を言葉に込めることで、相手への伝わり方が変わってきます。早口では聞き取りにくい場合が多く、ぶっきらぼうな印象を与えがちです。強調したい部分は、ゆっくりと、強く、クリアーに話をすることが大切です。特に高齢者や認知症の方に対しては、ゆっくりとキーワードをクリアーに言うと、意思が伝わりやすいです。

ところで、一生懸命になればなるほど、声を張り上げてしまうという経験はありませんか？　耳の遠い方に、ついつい大声で答えてしまうことがありがちです。ただ、相手との円滑なコミュニケーションを考えた時に、「大声」は逆効果になります。特に自分の言葉や思いを力任せに押し付けようとしている時には、相手に近付くどころかかえって壁ができてしまいます。

演劇界では、舞台で観客に大切な言葉を届けたい時には、相手に耳を傾けてもらい言葉を伝える「ささやき」という手法があります。介護の現場でも、声量を上げるのではなく逆に落とすことで、双方の心の距離を縮めた状態で言葉を伝えられる場面があるのではないかと思います。余談ですが、演劇界の方によると、「声量を落とす」というのは「声のトーンを下げる」ことではなく、「怒鳴っていない明るい調子の優しい声」というイメージだそうです。

⑸ 環境設定

会話する環境も大切です。

住み慣れている部屋なのか、デイケアなどの施設なのか
明るい場所か、暗い場所か
暑いのか、寒いのか

環境によっても伝わり方が変わってきます。

一般的には、明るい場所の方が気分は高まりやすく、うす暗い場所の方が気持ちが落ち着きやすいです。介護を受ける人が、興奮気味の時には照明を暗く、落ち込み気味の時には明るくするなど、その時の状態に合わせて調整することにより、気持ちのコントロール

に多少の効果があります。

大切なことを話したい時には、他の人がいるのかどうか、特に介護を受ける人一人に対して、多くの方が話をするような環境は、介護を受ける人に威圧感を与えやすいです。

温度設定も大切です。高齢者や脳卒中でマヒがある方、外傷でケガの痛みがある方は、特に温度に敏感です。なるべく本人が快適と感じる温度（夏は二五度から二八度、冬は一八度から二二度の室温を快適と感じる方が多いようです）を設定し、不快感を与えないことで、会話に集中してくれやすくなります。

(6) 立ち位置

話す相手に対しての立ち位置によっても、コミュニケーションの状況が異なってきます（次頁図参照）。

相手の対面（一八〇度）に立つと、お互いが向かいあうため視線が合いやすくなります。真面目な話や、しっかりと注意をする場合に有効です。一方で、相手に威圧感を与え得る立ち位置でもあります。

相手と横並びになる位置（〇度）では、お互いの視線が同じ方向を向きます。視野を共有できるので、お互いに同じイメージを持ちやすくなります。また、横を向けば相手の顔が見られるので、一体感も得られます。威圧感はほとんど感じにくく、リラックスできて話がしやすくなります。

一八〇度と〇度の中間、九〇度は、一緒に物事を考える時に有効です。相手に視線を合わせても良いし、他の場所を見ても良いので、心に余裕や逃げ場を確保できます。対面に位置するよりは威圧感が少なく、心的にほとんど同じ立ち位置です。一緒に問題や悩みを解決していくような時に有効です。

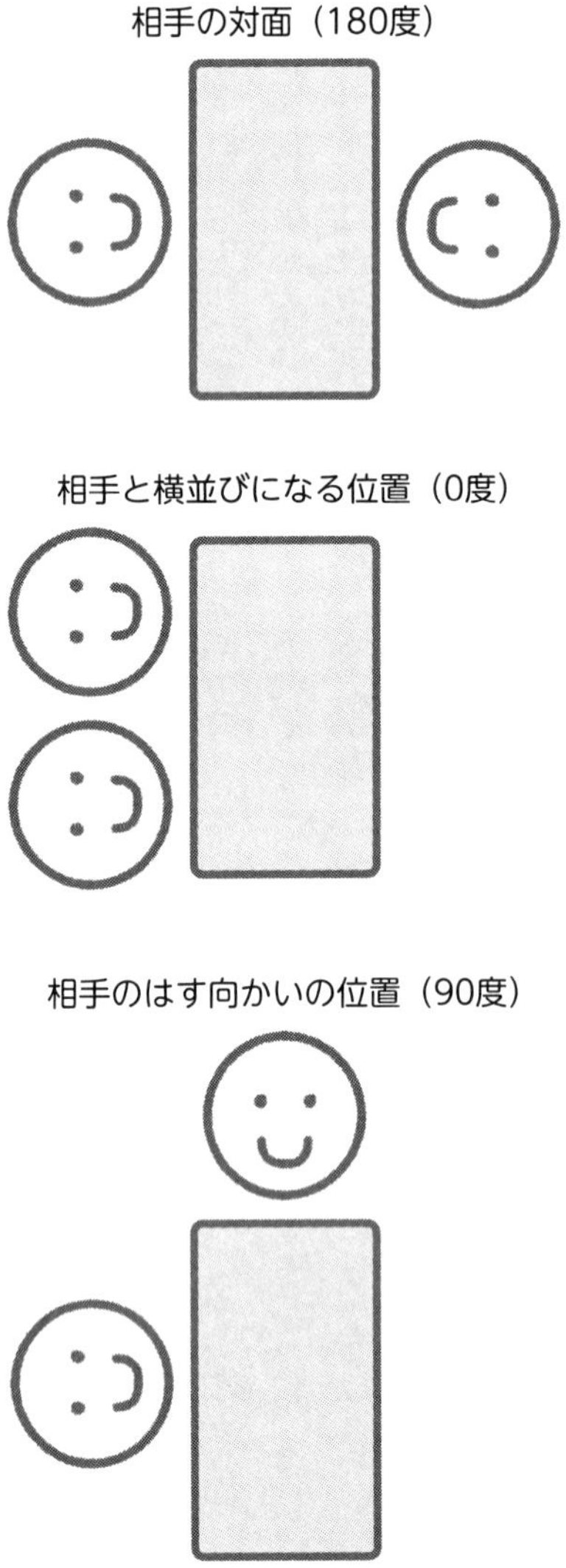

(7) スキンシップ

肩をポンと叩く、手をつなぐ、頭をなでるといったスキンシップの併用が効果的な場合があります。

肩を叩いて、

「これから、お風呂ですよ」

とスキンシップを加えて話すことで、意図が伝わりやすくなります。その際に、

接触する部位：肩なのか、背中なのか、手なのか、頭なのか
接触している時間：瞬間か、数秒か、数十秒か
接触する力：弱くか、強くか

を意識すると、感情が修飾できます。

たとえば、同じ肩にスキンシップを加えるのでも「肩を瞬間、強めに叩く」のと「肩に数十秒、優しく手を添える」のでは、相手の受け取り方が変わります。

前者は「何かの挨拶や合図かな？」と感じさせ、後者は「何となく守られている」と感

じさせるのではないでしょうか？　スキンシップを意識すると、コミュニケーションが円滑になります。

特に目が不自由な方には、表情やジェスチャーを伝えることが難しいです。言葉の情報に加えて、どのようにスキンシップを心掛けるかを考えると、よりコミュニケーションが有効になります。

長野オリンピック女子カーリング日本代表の大澤明美さんは、ワンプレーごとに必ずチームメートとハイタッチをしたそうです。時には調子の良くない選手の背中をポンと叩くといったスキンシップを心掛けたことで、「ドンマイ」などの声掛けがしやすくなり、チーム全体の嫌な雰囲気も緩和されてコミュニケーションがとりやすくなるそうです。

介護を受ける家族が落ち込んでいる時や、介護で苦労しているスタッフに対しても、背中をポンと叩いたり、肩を揉んだりするスキンシップは、気持ちや心を和ませてくれるかもしれません。

(8) 話を聴く態度

コミュニケーションスキルには、聴き手としての立場も重要で、視線、表情、姿勢が大切になります。

話している人をしっかり見て、視線を合わせる
無表情か、笑顔か、怒った表情か、話し手の感情や表情を意識して観察する
話し手の方へ体を傾けるなどして、興味深く聴く姿勢をとる
相槌《あいづち》を打つことで、理解していることを示す
「なるほど」「良くわかりました」「そうだね」などの言葉や、姿勢、ジェスチャーを加えることで、相手に「聴いているサイン」を送る

特に認知症や高齢者の方の場合、自分の考えが上手く伝えられないことがあるので、感情や表情の観察が重要です。

また、介護を受ける人は、自分の言うこと、伝えたいことを聴いてもらうと安心します。
そのため、

介護を受ける人「今日、孫のみっちゃんに会った」

介護する自分「あら、みっちゃんに会ったの。良かったね」

のように、相手の言ったことの要点を反復すると、自分の言ったことを聴いてもらえたと感じやすくなります。また、すぐに笑うなど、素早く反応することでも、聴いてもらえたという安心感を与えます。

これらのコミュニケーションスキルは、介護を受ける人との間だけでなく、ケアマネージャーやその他の方々とのコミュニケーションにも応用できます。

介護において、ケアマネージャーとのコミュニケーションだけで疲れてしまうという声をたびたび耳にします。介護スタッフと良い関係を築いていくためにも、コミュニケーションスキルを用いて感情を明確にすると、より自分の意思が伝わりやすくなります。

自分の考えを伝えて、意見を聴く、**両側通行で、思いやりのあるポジティブなコミュニケーションを心掛けてみましょう。**

●ココトレじゃんけん③　サイレント・トレーニング

サイレント・トレーニングの一例を紹介します。これは、ノンバーバル・コミュニケーション能力を高めるトレーニングです。

パートナーを作り、本気じゃんけんをして先攻、後攻を決めます。

先攻の人は、言葉を一切使わず、ノンバーバル・コミュニケーションを駆使して、最近経験した良いことを、後攻の人に伝えてみてください。

後攻の人は、先攻の人が何を伝えたのかを、言葉にしてみてください。

もし、あまり伝わっていないようであれば、ヒントを出していきましょう。

次に、先攻の人は、ノンバーバル・コミュニケーションに言葉を加えてください。

ノンバーバル・コミュニケーションで、どの程度の情報が伝わっていたでしょうか？

お互いに確認してみてください。次に先攻と後攻を交代し、同様に行います。

いかがでしょうか？

ノンバーバル・コミュニケーションの能力が高くなると、耳の遠いおじいちゃんやおばあちゃんに対しても、意思疎通がしやすくなります。さらにノンバーバル・コミュニケーションに言葉を添えると、よりコミュニケーションがとれるようになり、有用となるでしょう。またノンバーバル・コミュニケーションから相手の言いたいことを理解しようと考えることが、言葉の不自由な方々が何を伝えたいのかを感じる力となるかもしれません。

5 自信を持たせる

① 自信は驚異的な回復を可能にする

介護を受ける家族がプラス思考で生活していくために、介護する側は、いかに介護される側に自信を持たせるかが重要です。そのため自信について考えてみます。

自信は過剰でも不足していても良いパフォーマンスが生まれません。スポーツの世界では、格下の相手に負けるといった大番狂わせが生じますが、原因の一つとして、自己能力の過信に伴う自信過剰が挙げられます。自信過剰では、準備を軽視したり、言い訳が増加したりします。

一方で、自信が不足すると、過度に恐怖を感じて、自分に対して消極的なイメージが形成されます。さらに、自分には絶対できないと決めつけ、自分の中に限界を作ります。また欠点に固執し、自己非難へとつながります。そして、意欲が低下して、さらには無力感に悩むといった状態が起きます。

介護を受ける家族は、今までできていたことができなくなり、通常、自信を喪失しています。自信が持てなければ、回復する能力があったとしても、リハビリテーションなどで、充分な行動ができなくなります。言うまでもありませんが、自信を失うような、いじめや押しつけ、無視といった環境は、絶対に避けるべきです。

逆に些細《ささい》なことでも、自信を持てると、意欲が湧き、気持ちが前向きになります。驚異的な回復は、ちょっとした自信の積み重ねがあってこそ、可能となると言っても過言ではありません。

スポーツ心理学では、自分で気付いて、自らの力で自信を高めていくことが大切とされています。ただし、自ら自信をつけていくような、強靭《きょうじん》なメンタルを持った人は、それほど多くありません。超一流フィギュアスケーターの羽生結弦選手であっても、世界トップクラスのブライアン・オーサーコーチにメンタル強化を含めた指導を仰いで、活躍につなげているほどです。コーチには、選手に自信を持たせるスキルが必要とされます。このスキルは介護を受ける人に対しても、応用が可能です。

「自信」を持たせることで、モチベーションが上がり、心地良い生活が送れます。

②褒める、他人と比べない、ポジティブなアドバイス

介護を受ける家族に対して、いかに自信を持たせるかを考えます。自信が持てると、活気が出る、表情が明るくなる、発語が増える、などの効果につながります。

スポーツ心理学の良くない指導法として、次の四つが挙げられます。

「アホか、全然だめだな」といった、選手を見下す発言は、選手がやる気をなくしかねません。

「ステップ、下手くそだな」と欠点をやたらと指摘するのは、選手に悪いイメージを植え付けます。

「根性出せ」といった指導は、抽象的で何をどうしたら良いか、指導者の真意が伝わりにくく、選手の間でも捉《とら》え方が変わってきますので、適切なアドバイスとは言えません。

「こら、何やっているのだ」と怒る指導は、選手を萎縮させます。殴る、蹴るはもっての外です。

コーチには、いかに良いイメージを引き出して、選手のやる気を高めていけるかが要求されます。介護を受ける人に対しても、良いイメージを持たせることが大切になります。前述の通り、人間は良い感情より、悪い感情の方が脳に残りやすいからです。

そのため、

「あ〜、おじいちゃん、またお漏らしして」

「またデイケアに行きたくないと、ダダこねて、困っちゃうわ」

など上手くいかないことを、叱ったり、ぶつぶつ不平を言うのではなく、

「おじいちゃん、トイレ間に合わなかったね。でも、トイレ行きたいと言ってくれてありがとう」

「デイケア行ってくれてありがとう。孫のダイちゃんが、デイケアに向かう姿がかっこいいと言っていたよ」

など、**良いことを強調して、褒《ほ》めていくことが大切です。**

人は褒められると、嬉しいものです。上手くいったことを褒められれば、もう一度、やってみようという気になります。それが、時には内発的モチベーション（二〇二頁参照）を引き出しますし、生活する気力を維持させるためにも重要です。介護を受ける人の行動や言葉と向き合い、適切な言葉を投げかけることが大切です。

それから他人と比較することで、自信を失う方がいます。

「隣のおじいちゃんは、うちのじいちゃんより五つも年上なのに、しっかりしているわ。それに比べて、うちのじいちゃんは……」

などと言っては、やる気をなくします。認知症で理解が乏しい方でも、心が傷つきかねません。他の方は、あくまで他人です。世間話程度にとどめましょう。

また、アドバイスは、なるべくポジティブな言葉を選びましょう。

たとえば、服を着替える時に

「（怒り口調で）服を着るのに、どれだけ時間かけているの？」

ではなく、

「あわてないで着替えてね。素敵よ」

など、相手がワクワクしてくるような言葉選びが大切です。

また上手くいかない点があっても

「だめね（あきれ口調）」

ではなく、

「気にしなくていいよ。次、頑張ってみようね」

など、介護を受ける人の、やる気を損なわないような声掛けをしてみてください。

③ 結果より過程を重視

スポーツ心理学において、コーチとして選手に接する時に大切なポイントは、結果ではなく、過程がどうかです。コーチが結果にこだわりすぎると、特に結果が伴わない時に選手の自信が保てなくなる場合があります。介護の場合も介護を受ける家族の自信を保っために、結果よりも過程を重視した方が気持ちが楽になります。

たとえば介護を受ける家族が食事中に、料理をお皿ごと落としてしまった時に、怒る、叱りつけるといった介護では、相手の自信を失わせ、萎縮してしまい、その後の介護も上手くいかなくなります。

それより、

「今日は食欲がないのね。こんな時もあるよね」

「さっき、散歩を一生懸命頑張ったから、疲れたのね」


などと上手くいかなかった結果を怒るのではなく、頑張った過程を讃《たた》えて、優しい一言を添えれば、介護を受ける家族は、それほど自信を失わずにすみますし、また頑張ろうという気持ちにもつながります。結果として、上手くいかないことが続いたとしても、本人が頑張っている所、一生懸命にやろうとした所などの過程に注目して、良い点を見つけ出して、褒める、讃えることが大切です。ただし根拠が乏しい、度がすぎた褒め讃えは逆効果になります。そのため、介護を受ける家族の良い点はないかな？　と観察していくことが大切です。介護する自分が、良い点を拾い上げようと考えることは、介護する自分自身の前向き思考にもつながります。

結果主義では結果が良ければ自信を得ますが、結果が伴わない場合に、自信をなくしがちになります。介護は上手くいかないことが多いし、判断が正解かどうかわかりにくいので、**結果にとらわれずに、過程を重視していくと良いでしょう。**

ちなみにスポーツの世界では、結果に左右される選手には二流、三流選手が多いそうです。結果が良ければ自信をつけますが、逆の場合、自信を喪失します。一流選手の場合、たとえ結果が悪くとも、過程を重視するため、次の試合には気持ちを切り替えてのぞむことができ、敗戦や失敗を引きずりません。体調が悪い時には、悪いなりの対応ができるのが一流選手で、自信をなくしたり、不安を強めたりする人は三流選手が多いそうです。

大相撲の平成二八年初場所、日本出身力士として一〇年ぶりに幕内優勝を果たした琴《こと》奨《しょう》菊《ぎく》和弘《かずひろ》関は、優勝後のインタビューで、

「やるべきことをしっかりやって、土俵上の勝ち負けよりも自分が決めたことをやりきるという気持ちのもと、土俵に上がっておのずと結果がでて本当に嬉しかったです」

と答えていました。琴奨菊関は、平成二三年初場所、大関昇進目前で連敗するなど、精神面の弱さを見せてから、スポーツ心理学の権威である東海大学の高妻容一教授の指導を

受け、メンタル面の強化に努めてきました。多くのプレッシャーがかかる場面でも、自分の相撲を取り切り、優勝した要因の一つに、結果より過程を重視の考えがあったと推察します。

介護を必要とする状況で、過程を重視する一流選手のような思考の持ち主は、そう多くないと思います。ですから、介護する自分が結果でなく過程を重視して、ちょっとしたことでも介護を受ける家族に良い点をどんどん注目させて、彼ら、彼女らの自信を高めていきましょう。いかに良い点を拾い上げていくかが、ポイントです。

●ココトレじゃんけん④　アドバイス能力養成トレーニング

ここで、相手や他人に自信を持たせ、アドバイス能力を高めるトレーニングを紹介します。こちらも介護する人同士で行いましょう。

まず、本気じゃんけんをしてください。

負けた人は、勝利した人に敬意を表して、三〇秒の間に、勝利した人の良い所を三つ、褒めてください。

勝利した人は、褒めてくれたことに関して、感謝の意を表してください。

これは、短時間に相手の良い所を見つけ出す思考回路を強化するトレーニングです。負けた人は、瞬時に相手の長所を見出せるようになり、アドバイス能力を高めていけます。同時に、良い点を言葉にするコミュニケーションスキルを高め、相手の良い所を見つけ出そうと考える、プラス思考を高めるトレーニングにもなります。

勝利した人は、褒められると気分が良くなると思いますし、そこに感謝の気持ちを示すことでプラス思考につながります。このトレーニングも、本気で行うことがポイントです。

また、アドバイス能力養成トレーニング「ココトレじゃんけん④」は、一四六頁のセルフ・コントロール能力養成トレーニング「ココトレじゃんけん①」の逆のことをしています。けなすことと、褒めること、どちらがスムーズに言葉が出ますか？　けなすことの方が簡単という人は、人の欠点に目がいく傾向にあります。セルフ・コントロール能力養成トレーニングより、アドバイス能力養成トレーニング「ココトレじゃんけん④」に、時間をかけ、人の長所に目を向けていくことをおすすめします。

④ 結果を導いて自信を持たせる

介護を受ける家族を上手く誘導して、結果を導いて自信を持たせることも大切です。

排泄が上手くできないで、尿便失禁してしまう方の介護は正直イライラすることもありますよね。でも、けなしたり、怒ったりしては逆効果です。おむつを使用するのも対策の一つですが、本人にとって本意でない場合が少なくありません。本当は陰部を清潔に保っていたいのだけれど、やむを得ずおむつをしている場合もあります。可能であれば、トイレにうまく誘導して、排泄できるのが良いです。

トイレでの排尿便には腹圧が重要です。寝ている状態での排泄に比べて、便器にだめ元で座らせることで、効率良く腹圧がかかって排尿、排便が可能となる方々がいます。介護を受ける人の排尿便のリズムを把握して、たとえば三時間おきに便器に座らせるような対策をとるだけで、尿便失禁の問題が解決する可能性があります。また一度でも上手くいくと、以下に述べるIさんのように自信につながっていきます。

八〇代の男性Iさんは脳内出血の急性期治療を乗り越え、後遺症として認知症状と歩行障害、尿便失禁が残りました。尿便失禁に対して、おむつを使用していました。しかし、膀胱《ぼうこう》の中には尿が溜まるが、排尿できずにお腹が張って、ある時点で一気に、おむつからあふれる程の多量の尿を失禁してしまい、何度もシーツを汚しました。主な介護者である奥さんも、排尿に関しては、おむつ使用で様子を見るしかないと、あきらめ気味でした。

数週間後、ある介護スタッフがIさんに、試しに便器に座って用を足すようにアドバイスすると、時間はかかりましたが排尿、そして排便できました。これを機にIさんは自信をつけて、昼間は尿意便意を感じなくても、定期的にトイレに行って用を足し、昼間のおむつをはずすことに成功しました。夜間は、おむつ使用で、おねしょの状態ですが、昼間の尿便失禁は完全になくなり、奥さんの負担はかなり軽減されました。またIさん自身も、昼間のおむつのストレスから解放され、表情が明るくなり、発語も増えました。

このように、どこで自信を得るかは、介護の経験のある方々の言葉にヒントが隠れている場合もあります。

⑤ 内発的モチベーションを引き出す

人にとって、自分の心の中から湧き出てくる「絶対に勝ちたい」とか「なんとしても、自力でトイレに行きたい」といった強い感情、内発的なモチベーションは、とてつもないパワーにつながります。内発的モチベーションは〝夢〟とも置き換えが可能で、強い内発的モチベーションのためなら、さまざまな困難があっても頑張ることができます。内発的モチベーションが明確で、絶対に良くなりたいと思っている方は、生活やリハビリテーションに対する意欲が増すので、驚異的な回復を可能にします。

では、いかにやる気を出させるか。「健康のためにも、体力回復のためにも散歩がいいから、歩きなさい」と言われて、やる気を持って散歩する人がどのくらいいるでしょうか？

「健康とは？　体力回復とは？」で、モチベーションが高まる方もいると思いますが、そのような目的が有効でないことも多く、より衝撃を与える、心に響く言葉の投げかけを考える必要があります。

「散歩しないと、寝たきりになっちゃうわよ」ですと、一部の方には効果がありますが、「（オレは、私は）もういいや」という感じで、やる気を高めるほど充分に心に響かないことが多いかと思います。

「散歩したら、小遣いあげる」のような、外から与えるモチベーションは、外発的モチベーションと言い、その場では効果があったとしても、長続きしない場合が多いです。たとえ、散歩してくれたとしても、介護を受ける人にとっては小遣いがモチベーションになります。散歩の目的は、健康のため、体力回復のためであるはずなのに、「小遣い」のために散歩するようになります。そうすると、「小遣いくれなくちゃ、散歩しない」といった状況にもなりかねません。さらには「もっと小遣い多くしてくれなくちゃ、散歩しない」と、要求がエスカレートしていくこともあります。ですから、もので釣る外発的モチベーションによって目的意識を高めることは、ほどほどが良いでしょう。

では、どのような目的が良いでしょうか。

「おばあちゃんには、長生きしてもらって、孫のヨウちゃんの結婚式に出てもらいたいわ。そのためにも、足腰鍛えなくちゃ。散歩行きましょう」

と言うと、目的意識が大切な家族のイベント参加になってきます。

「健康のため」と「孫の結婚式」、どちらがやる気が高まるでしょうか？　何に対して内発的モチベーションを感じるかは、個々人で異なりますが、家族のために何とかしようと感じる人は少なくないようです。

また好きなことや、趣味に対しても、やる気を高める方が多いようです。

「もう一度、ゴルフをしたい」「また旅行に行きたい」など、以前に熱中していたこと、大好きだったこと、青春していたことを、介護を受ける家族との会話や昔の写真から一緒に探し出してみましょう。それを、介護を受ける人が

「またゴルフやりたい。そのためにもリハビリ頑張らないと」

と、自らが感じて目標にできたら、しめたものです。

やりたい、復帰したいという思いが、介護を受ける家族本人の心の中から湧き上がってくるのが内発的モチベーションです。やりたい思いが、強ければ強いほどパワーになります。目的になりそうなものがあれば、コミュニケーションスキルを駆使して、**介護を受ける本人がやりたいという感情を、押し付けるのでなく、いかにして引き出すかが大切です。**

また、

「あのおばあちゃん、あんなに大きな病気で、大きな手術を受けたのに、あれだけのことができるなら、私にも頑張ればできるかも」

と、自分より、明らかに症状が重い方の頑張りを見て、自分もやらなくては、もっと頑張らなくてはとの思いを強める方もいます。

それから、人のために自分ができることを見出すことで、やる気が高まった方もいます。

「デイケアは、自分と同じ年代の方々でもボケている人が多くて、刺激もなくて、面白くなくて、行きたくないわ」

といっていた七〇代の女性がいました。し

かし、

「あなたのパワーが、同年代の方々に刺激を与えてくれます。Rさんが、あなたのお話に影響を受けて、頑張ろうという気になったらしいですよ」

という話を聞いて、それを境に自らすすんでデイケアに通うようになりました。そして、他の方々に刺激を与えようと会話が増えて、家族の目から見ても、とても元気になったそうです。


いかにして内発的モチベーションを引き出すかは、簡単な問題ではありません。しかし、**内発的なモチベーションを持つきっかけは、どこに転がっているかわかりません。**

その意味でも、引きこもらずに、外に、周囲に、目を向けさせていくことが大切です。

そして内発的モチベーションを引き出せるようにサポートしていくことが重要でしょう。

⑥ 一歩踏み出す勇気をサポート

久しぶりに始めた趣味や行動は、上手くいかないことがほとんどです。せっかく、やる気を出して始めたのに、上手くいかないがためにやめてしまうのはもったいないことです。結果でなく、やりたいと感じた意欲や行動を讃《たた》えて、

「久しぶりにやったゴルフなのに、すごいよ。もう少し練習すれば、昔のようなショットを打てるようになるんじゃない？」

「時は経ったけど、あなたの歌は、昔を思い出させるわ。素敵よ」

などの言葉をかけるなどして、モチベーションを維持させていきましょう。

それから、色々やりたいことはあるのだけれど、自信がない、他の方に迷惑をかけてしまうかもしれないから踏み込めないという方を見かけます。その一歩目の踏み出しを手伝うことで、大好きなことが再びできるようになり、モチベーションにつながる方がいます。

特発性正常圧水頭症の八〇代女性。歌が大好きで、コーラスもしていました。しかし、主に歩行障害が壁となって、コーラスに通うことが不自由となり、ついにはコーラスから離れることになりました。

手術を受けて歩行状態は改善しましたが、長期にわたってコーラスとご無沙汰していた

ため、コーラスをしたい気持ちがあっても、ためらっていました。

しかしある日、主治医から、「趣味を持つことは認知症の進行予防にも良い」とのアドバイスを得ました。躊躇《ちゅうちょ》があったものの、主治医の言葉に背中をポンと押され、勇気を持ってコーラスに行ってみました。コーラスの仲間達が、思っていた以上に歓迎してくれました。そして、久しぶりにコーラスを楽しむことができました。コーラス参加が、一つのモチベーションとなり、その後は自ら進んで参加するようになりました。

最初の一歩目を踏み出しにくいという方は少なくありません。そこを手伝うことで、勇気を持って一歩目を踏み出し、それがモチベーションの向上につながって積極的に行動できるようになる場合もあります。

「やりたいけど……」と、躊躇している方に対しては、背中をポンと押してあげることも大切です。

6 相手の脳を刺激する

① いかに心地良く頭を使わせるか

介護を受ける家族が何かをする時、いかに快適で、心地良く感じられるかがポイントです。

心地良く頭を使うとは、介護を受ける家族にとって好きなこと、楽しいこと、興味を感じることに対して考える、反応する、行動することです。神経科学的に見ても、介護を受ける家族が心地良く頭を使えると、意欲が向上し、機嫌が良くなります。また暴力などの問題行動の予防につながります。

一方で、心地良く頭を使えないと、不機嫌になり、やる気がなくなり、時には暴力的になります。心地良く頭を使えないというのは、嫌なことをされる、自分の話を聞いてくれない、自分の思い通りにならないなどの状況です。高齢者の暴力をはじめとした問題行動のほとんどは、心地良く頭を使えていない時に起こると言われています。

介護する側にできることは、好きなこと、趣味、昔の武勇伝、青春の思い出、家族のことなど若い頃に熱を上げたことに対して、目を向けさせ、会話をすることが大切です。

●ペップトーク

「ペップトーク」という、選手を励ますために指導者が試合前や大事な練習の前に行う短い激励のメッセージがあります。

有効な「ペップトーク」では、短時間で「良いイメージ」が植え付けられて、気持ちの切り替えが可能になります。長所に目を向け、やる気を高める、短いメッセージが効果的です。

「おじいちゃん、頑張っているね、かっこいいよ」

など、適切なペップトークは、心地良く頭を使わせると同時に、コミュニケーションにおいても、有効な手段となります。

日常の介護に、是非、取り入れてみてください。

②適切な頭の刺激

心地良く頭を使うことは、認知症進行の予防につながります。

筋肉は、体を動かしていればある程度機能が保たれます。さらに適切な運動を行えば、機能は向上します。

しかし、使うことがなければ、あっという間に筋肉は衰えます。たとえば骨折の治療に伴うシーネという装具で筋肉を固定すると、数週間で筋肉は萎縮します。

また、かなりの運動をしたとしても、それが「不適切な運動」、たとえば、うさぎ跳びを長時間続けるなどは、故障につながります。つまり運動をしても、それが適切なものでなければ、機能の向上につながらないどころか、ケガしてマイナスの効果となるのです。

適度な運動が筋肉の機能を維持する上で非常に大切だと言えます。

頭に対しても同様なことが言えます。頭を使うことが多ければ、脳の機能は保たれる傾向がありますが、頭を使わなければ脳の機能は衰えます。高齢者が病気やケガを患い、入院、安静を強いられると、刺激がないせいか、短期間のうちに認知症状が進行する場合があります。

また「不安だ」「怖い」といったマイナス思考も、脳のエネルギーを大きく消費します。マイナス思考が強いと脳が疲れ、さらにはうつ病につながります。マイナス思考のパワーが大きければ大きい程、弊害が多く、筋肉のトレーニングにたとえれば、若くないのに重たいバーベルを何度も上げるような「不適切な運動」に当たる、「不適切な思考」になります。

「私、おじいちゃんみたいに、これからボケちゃうのかな〜？」

という心配が強すぎるのも、「不適切な思考」です。

百ます計算や脳トレーニングなども頭を使います。**問題は本人が心地良く取り組めるかどうかです。**

本人が楽しく取り組むのであれば、有効と思いますが、嫌々やるようであれば、無理にさせない方が良いと思います。やらせるにしても、頭のウォーミングアップ程度にすべきです。

心地良く頭を使うことこそが、筋肉でいう「適切な運動」に当たり、適切な脳の刺激につながります。心地良く頭を使ってもらって、脳の機能維持につなげていきましょう。

③ 昔のことは覚えている

高齢者にとって新しいことは頭に入りにくいので、たとえ若い世代の人達が「嵐っていいでしょう」とすすめても、なかなか覚えてくれにくいものです。

「おじいちゃん、美空ひばりさんが好きだったよね」と好みには、世代の差があります。無理に嵐を聴かせるのでなく、フォーリーブスやザ・ピーナッツなど介護を受ける家族にとってなじみのあるものが、心地良い頭の刺激につながります。

県議会議員を務めていた六〇代の男性Mさんの話です。脳内出血の後遺症で、寝たきり状態。右半身が完全にマヒしていて、気管切開を受けているので、発語もできません。突

然の発症で、強い意識障害があり、

「ご機嫌、いかがですか？」

といった、簡単な会話しか投げかけられない日々が続きました。それらの問いに対しても多くは無反応で、時々、うなずくといった反応があるのみでした。

発症から数ヶ月後のある日、家族が何気なく、政治の話をMさんにすると、ボーっとしていた顔つきが、急に真面目な表情になり、うなずきながら、真剣に聴き入りました。それをきっかけに、ベッドの横にテレビを置いてMさんに見せるようにしました。バラエティー番組などは、無表情でボーっとしていたり、寝ていたりと無関心ですが、ニュース、特に政治に関する話題になると、真剣な顔に変わり、テレビをじっと見ました。家族は、必ず一日一回は、その日の政治的な出来事をMさんに話すようになり、それを機に、表情が少しずつ多彩になって、入浴やおむつ交換にも協力的になりました。同時に嫌だという意思表示も強くなりましたけれども……。

意思の疎通が取れないように思えても、Mさんのように自分の仕事に関する話題で反応が高まる場合があります。意識障害があったにしても、その方の**興味のあったことに関する言葉を投げかけると、脳を刺激する可能性があります。**

④ 家族の力

大切な家族のことに対しては、心地良く頭を使えることが多いです。特に孫、ひ孫に癒される方は多いようです。

八〇代男性Eさんは、仕事での一線を退いた数ヶ月後に脳梗塞《のうこうそく》を発症し、左半身のマヒが残りました。介助で歩行ができる状態にまで回復しましたが、家での口数が減って、ボーっとしている時間が長くなり、極端に活気がなくなりました。週に数日の

訪問看護、およびデイケアを利用しているものの、それ以外の時間は、ほとんどベッドの周囲で引きこもっている状態が続きました。

Eさんには、数人の溺愛《できあい》している孫がいて、脳梗塞での入院中に孫が見舞いに来た時は、いつも嬉しそうに目を耀かしていたそうです。定期的に孫を訪問させてみてはとのアドバイスのもと、孫娘がEさんを訪ねると、Eさんは大いに喜び、孫娘との会話や散歩を楽しみました。これを機に、劇的に活気が戻り、表情が明るくなりました。そして自ら散歩を進んでやるようになり、周囲が驚くほどの回復を見せました。孫娘が、Eさんの脳を心地良く刺激し、それが快方に向かった例と考えます。

体調ばかりをケアしていてもだめだし、日常生活をいかにこなすかのみを考えていても良くありません。

心地良く頭を使ってもらうため、家族の力が大切になってきます。

第2部では、自分をコーチ、介護を受ける家族を選手として、いかに彼ら、彼女らとの信頼関係を築き、心地良く介護を受けてもらえるかについて述べてきました。家族に感謝の言葉を伝えたり、自信を持たせたり、といったことは照れや甘えもあってなかなかしにくいかもしれません。しかし、自分がコーチ、家族が選手という関係性を借りることによって、通常だったら、やりにくいことにもチャレンジできるのではないかという希望を抱けます。

観客の声援を受け、競技場やリングで華々しく活躍する選手には、陰で見守るコーチがいます。頼れるコーチであれば、選手にとって非常に心強い存在になります。いまや名コーチと称賛されるような人でも、最初から優れた指導者であったという方は、そうそう多くありません。皆、試行錯誤で、良い指導方法を見つけ出し、指導能力を高めていっています。

介護に関して、バッドニュースが目につきがちですが、「自分がコーチ、介護を受ける家族が選手」の考えを応用して、自分達の介護は面白くやれそうだという気持ちが芽生えていただけたなら、とてもありがたいです。


自分が整うと、家族が整う。

家族が整うと、社会が整う。

社会が整うと、世界が平和になる。


習志野台幼稚園理事長、全国私立幼稚園連盟事務局長で教育活動家の、いぬかい良成さんが言います。

本書では、メンタルトレーニングを基に、自分の整え方、介護の整え方について紹介してきました。介護を通じて、あなたにとって家族とは？　を考えていくと、家族が整い、今はまだ問題も多い介護社会の安定へとつながっていけるかもしれません。その際に、本書が少しでも役立ち、今後の介護につなげていただけたら幸いです。

あとがきにかえて　自分が「選手」になった時

　自分が「コーチ」として親や伴侶を介護した経験は、自分が「選手」になった時、必ず役に立つはずです。

　介護する側として、介護される側に感謝の気持ちを言葉で伝える習慣が身につけば、自分が介護を要する状態になった時、自然と「ありがとう」が言えるようになっていることでしょう。

　いずれ排泄も誰かの手を借りなければならない時が来るかもしれません。その時に、「そんなの嫌だなぁ」ではなく、排尿便は生きていく上で必須だし、自分も親に対してやってきたのだから、どーんと身をゆだねよう、せめて駄々をこねて困らせないようにしよう、と自分の心構えも決まります。

　とはいえ、実際その時が来て、自分がどんな選手になっているかは誰にもわかりません。認知症になるかもしれません。ならないですむ可能性も十分にあります。認知症にならないように、生活習慣を整えたり、脳を刺激したりすることはもちろん大切です。でも、あまり認知症対策にこだわりすぎて、楽しむことを忘れてしまっては本末転倒です。

健康のためにと、多くの規制をかけて生きていくより、多少、寿命が短くなったとしても、好きなこと、楽しいことをして生きていくという考え方もあると思っています。

そもそも認知症になるのではないかという不安を常に強く抱えているのは、脳には良くありません。私の外来には、認知症を心配されて受診される方が多くいます。それまで認知症の不安で引きこもりがちだった方に、

「現在のところ、認知症の要因はありません。不安を高めるより、楽しむことが脳には良いですよ」

とアドバイスしたとたん、性格が一八〇度変わって積極的になり、海外旅行まで実行した方もいました。このように不安を払拭《ふっしょく》できただけで、表情が明るくなり、活動的になる方々は決して少なくありません。

「別に認知症になってもいいや」

とまではいかなくても、不透明な未来に対して不安を強めるより、楽しく、前向きにとらえていく方が、脳に対して、はるかに良い影響を与えます。

介護へメンタルトレーニングを応用するという企画をいただいてから三年間、介護をし

ている多くの方々にお話をうかがい、そして自分の家族が介護を要する現実を経験して、たくさんのことを感じてきました。あの人が？　と思うような、うつ病とは無縁のような性格の方が、深刻な介護うつに陥る現状を見ることもあり、決して介護が簡単なものではないことを、大きな問題として痛感してきました。

だからこそ、本書で紹介したメンタルトレーニングによって、多くの皆さんに前向きになっていただき、現在の介護だけでなく、これからの人生にも役立ててもらえたら幸いです。

最後に本書執筆にあたり、東海大学体育学部高妻容一教授、そして同大学メンタルトレーニング・応用スポーツ心理学研究会スタッフおよび関係者各位、セロトニンDojo代表の東邦大学有田秀穂名誉教授をはじめ、いとうまい子氏、いぬかい良成氏、宇佐美総子氏、大澤明美氏、小林玄樹氏、佐藤摩以子氏、曽田雄志氏、多以良泉己氏、外村節子氏、西岩忍氏、西俊児氏、新田渉世氏、元野勝広氏、里宇明元氏、新井勝久氏、飯尾緑子氏、大平直也氏、金子みどり氏、木村久氏、佐々木健二氏、佐々木順一郎氏、品川恵美氏、善家禎恵氏、高橋泰氏、高畠利彦氏、David Ahn氏、箱石やすし氏、畠山利奈子氏、廣野すぐり氏、廣林恭子氏、藤岡浩史氏、深澤晃氏、布野美津子氏、三堀知美氏、宮嶋喬氏、柳澤正和氏、横洲かおる氏、そして株式会社大洋システムテクノロジー、高齢者総合福祉サービスセンター森の里、一般社団法人むち打ち治療協会、江口修平氏、中川明紀氏、株式会社出版文化社、その他、多くの方々のご指導を賜り、ようやく本書完成となりました。この場をお借りし、心より感謝を申し上げます。

〈参考文献〉

有田秀穂著『怒り・不安をなくすセロトニン活性で「心のバネ」を強くする』（ぱる出版）
高妻容一著『新版 今すぐ使えるメンタルトレーニング―選手用』（ベースボール・マガジン社）
高妻容一著『新版 今すぐ使えるメンタルトレーニング―コーチ用』（ベースボール・マガジン社）

高橋 浩一（たかはし こういち）

医学博士、日本プロボクシングコミッションドクター
1965年 宮城県仙台市生まれ。

東京都立富士高等学校および東京慈恵会医科大学卒業後、同大学脳神経外科、米ロサンゼルス小児病院、南カリフォルニア大学を経て、現在山王病院脳神経外科勤務。脳脊髄液障害治療のスペシャリスト。

病気やケガに悩む患者さん達の役に立てばと、2007年より東海大学体育学部競技スポーツ学科の高妻容一教授の下で、メンタルトレーニングを学ぶ。

趣味はバドミントン、ベース演奏、そしてプロ野球・北海道日本ハムファイターズの応援。

著書に『脳卒中後遺症・脳脊髄液減少症・むち打ち症患者のための　病に打ち克つメンタル強化法』（蜜書房）、『スポーツ選手のためのケガに打ち克つメンタルトレーニング』（ベースボール・マガジン社）がある。

Dr. 高橋浩一のホームページ　http://www.takahashik.com

つらい介護に、さようなら ——メンタルトレーニングで心ラクラク

2017年12月18日 初版第1刷発行

著　　者	高橋浩一
発 行 所	株式会社出版文化社
東京本部	〒101-0051 東京都千代田区神田神保町 2-20-2　ワカヤギビル2階 TEL：03-3264-8811（代）　FAX：03-3264-8832
大阪本部	〒541-0056 大阪府大阪市中央区久太郎町 3-4-30　船場グランドビル8階 TEL：06-4704-4700（代）　FAX：06-4704-4707
名古屋支社	〒454-0011 愛知県名古屋市中川区山王 2-6-18　リバーサイドステージ山王2階 TEL：052-990-9090（代）　FAX：052-324-0660
受注センター	TEL：03-3264-8825　FAX：03-3239-2565 E-mail：book@shuppanbunka.com
発 行 人	浅田厚志
印刷・製本	中央精版印刷株式会社
組　　版	株式会社条川印刷
装丁・イラスト	江口修平
校　　閲	中川明紀

Directed by Eiko Onda
ISBN978-4-88338-629-1　C0036
